Valentin Groebner

FERIENMÜDE

Als das Reisen nicht mehr geholfen hat

Konstanz University Press

Valentin Groebner ist Professor für Geschichte an der Universität Luzern. Er hat zahlreiche Bücher zur Kultur- und Wissenschaftsgeschichte vorgelegt. Bei KUP erschienen *Wissenschaftssprache digital* (2014) und *Wissenschaftssprache. Eine Gebrauchsanweisung* (2012).

Umschlagabbildung: Leeres Fischrestaurant am Jimbaran Beach auf Bali, 14. März 2020 (Foto: Picture-Alliance/Wawan Kurniawan)

Bibliographische Information der Deutschen Nationalbibliothek

Die Deutsche Nationalbibliothek verzeichnet diese Publikation in der Deutschen Nationalbibliografie; detaillierte bibliografische Daten sind im Internet über http://dnb.d-nb.de abrufbar.

www.k-up.de | www.wallstein-verlag.de
Konstanz University Press ist ein Imprint der Wallstein Verlag GmbH

Vom Verlag gesetzt aus der Chaparral Pro
Einbandgestaltung: Eddy Decembrino, Konstanz
Druck und Verarbeitung: Hubert & Co, Göttingen
ISBN 978-3-8353-9126-0

Das Haustier bin ich.
Das Haustier führt sich selber spazieren,
es rebelliert leise.
Das Haustier frisst sich selbst auf, aus Liebe.

Luna Miguel, *Definition eines Bauches*

Inhalt

Neustart

»Volle Ostern« war am 18. April 2019 der Aufmacher auf der Titelseite der *Süddeutschen Zeitung*: Die Ferien brächten dieses Jahr besonders viele Touristen. Zahlreiche Urlaubsorte wappneten sich mit neuen Vorschriften gegen Überfüllung, von Amsterdam bis Venedig, von Südtirol bis Mallorca. Selbst in der Schweiz sei an einigen Orten die Grenze zum Overtourism erreicht oder überschritten, war einen Monat später in der *Neuen Zürcher Zeitung* zu lesen. Das Nachrichtenmagazin *Der Spiegel* hatte schon im Jahr zuvor dem Thema eine melancholische Titelgeschichte gewidmet. »Das verlorene Paradies. Wie der Reisende zerstört, was er liebt.« Die *Neue Zürcher Zeitung* dagegen meldete am 29. Oktober 2019, Massentourismus sei in der Schweiz ein Randphänomen, der Gruppentourismus sei viel besser als sein Ruf, umweltfreundlich, gut voraussehbar und Garant für »konstantes Wachstum« – so die Überschrift einer Infografik mit unaufhaltsam steigenden Besucherzahlen.[1]

1 *Süddeutsche Zeitung*, 18./19. April 2018; *Neue Zürcher Zeitung*, 18. Mai 2019, S. 17; *Der Spiegel* Nr. 33, 11. August 2018; Edgar Schuler, »Bitte mehr Werbung für den Tourismus!«, in: *Tages-Anzeiger*, 24. August 2017; Daniel Imwinkelried, »Feindbild Gruppentourist. Noch haben die Schweizer wenig Grund, über Overtourism zu klagen«, in: *Neue Zürcher Zeitung*, 29. Oktober 2019, S. 25.

Ostern 2020 war dieses »konstante Wachstum« vorbei. Der Ausbruch der ansteckenden Lungenkrankheit Covid-19 im Januar und ihre rasche Verbreitung zuerst in Ostasien, dann in Europa und schließlich weltweit zog dem Tourismus binnen weniger Tage den Stecker. Gesperrte Grenzen, gestrichene Flüge und flächendeckende Ausgangsverbote markierten das vorläufige Ende jenes Fremdenverkehrs, der seit den späten 1950er Jahren für stetig wachsende Teile der Weltbevölkerung zur selbstverständlichen Normalität geworden war. Im Januar und Februar 2020 hatten die Winterdestinationen noch ausgebuchte Hotels und volle Pisten gemeldet. Zweieinhalb Wochen später galt eine Bar im Tiroler Wintersportort Ischgl als eines der Epizentren der Epidemie, in der sich Hunderte infiziert hatten. Wohlhabende europäische Staaten wie Deutschland und die Schweiz flogen ihre in weit entfernten Ländern gestrandeten Staatsbürger in Sondermaschinen nach Hause. Tourismus in der vertrauten Form war, anders gesagt, fürs Erste Geschichte.

Vom Virus lernen

In der großen Stillstellung durch die Pandemie im Frühjahr 2020 konnte man eine Menge lernen. Ich lernte, dass es nur noch Nationalstaaten gibt, wenn es ernst wird, und dass alle Prediger von den selbstheilenden Kräften des freien Marktes plötzlich wie vom Erdboden verschwunden waren. In der Theorie war der freie Markt allmächtig gewesen. In der Praxis dagegen, lernte ich, wurden verletzliche menschliche Körper nicht von Marktkräften, sondern von Institutionen beschützt; und die funktionierten nur dann halbwegs zuverlässig, wenn sie vom Staat betrieben, finanziert und beaufsichtigt wurden. Ich lernte, dass in europäischen Krankenhäusern Zehntausende sterben konnten, ohne dass deren Gesichter irgendwo erschienen, verschluckt von Medienbildern von Särgen, Kühlwagen und Masken. Die Opfer der neuen Krankheit schienen einfach zu verschwinden; sie verwandelten sich in abstrakte, furchteinflößend hohe oder beruhigend niedrige Zahlen, außer man hatte zufällig eines von ihnen gekannt. Die Behörden wurden allmächtige fürsorgliche Erziehungsberechtigte, und der Ausnahmezustand fühlte sich ein wenig an wie die temporäre Wiederauferstehung der DDR. In allen Zeitungen stand dasselbe, die Regierung (und ihre freiwilligen Zuträger) schaute um jede Ecke, keine Auslandsreisen, und jeder war irgendwie ein verdächtiger Westkontakt seiner selbst.

In der großen Stillstellung durch Covid-19 lernte ich auch, dass ich mich nach Nichtstun sehne, aber nur in der Theorie. In der Praxis fürchte ich mich davor, weil ich es mit Passivität und Schuld verbinde, und deswegen war sein Doppelgänger, das Nichtstunkönnen, fast noch furchteinflößender. Und ich lernte, dass Angst und Kontrollbedürfnis einander zuerst bedingen, und dann wechselseitig verstärken. Einer der anstrengendsten Aspekte der Krise, weil völlig ungewohnt für wohlhabende Europäer, war aber die flächendeckende Abschaffung der Nahzukunft. Was in zwei Wochen oder drei Monaten passieren würde, wurde unzugänglich und angesichts der Überraschungen eigentlich auch binnen weniger Tage unvorstellbar.

Das Wegfallen des Plänemachens war irritierend, weil ich plötzlich merkte, wieviel Zeit ich vorher in der Zone Nahzukunft zugebracht hatte, im Reich des ›Ich muss, ich will, ich möchte‹. 12 Prozent unserer Wachzeit, also gut zwei Stunden pro Tag, hat ein ernsthafter Psychologieprofessor vorgerechnet, denken wir an Dinge, die erst noch geschehen werden. In unseren Köpfen sind wir temporäre Zukunftsbewohner, auf der Reise nach Irgendwann.[2]

Dieses Irgendwann wurde nun behördlich geschlossen, zusammen mit den Hotels, Cafés, Restaurants, Flughäfen und Staatsgrenzen, und niemand konnte darüber Auskunft geben, wie lange die drastischen Einschränkungen gelten würden; welche Verschärfungen noch bevorstehen oder ab wann die Bestim-

2 Daniel Gilbert, *Ins Glück stolpern*, München 2008, S. 44 f.

mungen gelockert würden. Am 12. April 2020, dem Ostersonntag, riet die EU-Kommissionspräsidentin in *Bild am Sonntag* dringend davon ab, jetzt schon Sommerferien zu buchen; niemand könne wissen, wie die Lage im Juli oder August aussehen werde.

Ferien waren das Versprechen gewesen, dass man Veränderung und Überraschung bestellen könnte, als unfehlbare Anti-Überdruss-Maßnahme gegen den eigenen Alltag. So richtig funktioniert hatte das nur beim Plänemachen, also in der Theorie. In der Praxis war ich von der Reise häufig mit Überdruss am Anti-Überdruss zurückgekommen. Aber kaum waren in der Covid-19-Krise die Grenzbalken überall heruntergegangen, war sie wieder da, die große Sehnsucht. In *Spiegel Online* schilderte am 15. März, fünf Tage nach der Verhängung der Ausgangssperre für ganz Italien, die Reportage »Gespenstisch schön«, wie menschenleer und charmant Rom jetzt sei. »Seit ein paar Tagen ist es so angenehm still«, schrieb der Journalist, »man hört keine Autos mehr, nur gelegentlich die Hubschrauber über den Dächern und die Möwen.«

So geht Tourismus: die ästhetische Erfüllung im Anderswo, die Du wieder nicht erreicht haben wirst, weil sie nur in Deiner Abwesenheit stattgefunden hat. In der Wirklichkeit, lernte ich im Frühjahr 2020, war das Pittoreske ohne seine touristischen Besucher nicht verlockender, sondern unwirtlich und künstlich. In der Stadt, in der ich wohne, wegen ihrer pittoresken

Altstadt von fünfeinhalb Millionen Touristen pro Jahr besucht, verwandelten sich die Sehenswürdigkeiten mit den geschlossenen Souvenirläden drumherum in Dekorationsfolien, in Karikaturen ihrer selbst: Fototapeten, in denen man lieber nicht als einziger zurückbleiben wollte.

Geschichte war der Tourismus vor der großen Stillstellung durch Covid-19 auch schon gewesen; allerdings in einem ganz anderen Sinn. Im 18. und 19. Jahrhundert waren gebildete Reisende davon überzeugt, sich durch Bewegung im Raum auch in der Zeit zurückbewegen zu können; an jene Orte nämlich, an denen ihnen das Schöne aus der Vergangenheit noch zur Verfügung stünde. Der Boom des Tourismus in den 1850er Jahren hat diese Fantasie sehr populär gemacht.[3] Seine Aufrüstung mit immer leistungsfähigeren technischen Infrastrukturen, von der Eisenbahn und dem Grand Hotel zu Pauschalangeboten mit Flug und Feriendorf, hatte den Fremdenverkehr ab der Mitte des 20. Jahrhundert immer weiter expandieren lassen. Reisen war schon lange vor Covid-19 eine sehr postromantische Angelegenheit.

Was hatten die fast eineinhalb Milliarden Menschen denn eigentlich gesucht, die sich 2019 auf die Suche nach Schönheit gemacht hatten, nach dem ge-

3 Ich habe diese Geschichte ausführlicher nacherzählt in: *Retroland. Geschichtstourismus und die Sehnsucht nach dem Authentischen*, Frankfurt a. M. 2018.

lungenen Ferienerlebnis, nach der Auszeit, nach der Wiedergutmachung des eigenen Lebens durch Reisen? Urlaub – Wegfahren auf Zeit – war in keiner der großen Sozialutopien der letzten Jahrhunderte vorgesehen, in Tommaso di Campanellas *Sonnenstaat* von 1602 ebensowenig wie im sozialistischen Paradies oder in der vermeintlichen Auflösung aller Körper und Grenzen im Traum vom selbstverwalteten Digitalien der 1990er Jahre, der letzten kollektiven Umsturzphantasie, die ich mitbekommen habe. Von Revolution ist mittlerweile ohnehin keine Rede mehr. Dafür von den nächsten Ferien. Am Beginn des 21. Jahrhunderts sind Ferien die letzte große private Utopie: das Territorium der Freiheit, für zweimal drei Wochen im Jahr.

Nur fühlte es sich dort zunehmend unbehaglich an. Es war voll und eng geworden im Paradies. Mit den Ausgangssperren und den geschlossenen Grenzen des Frühjahrs 2020 schien selbst die gedämpfte Reiselust einem plötzlich weit entfernten Zeitalter anzugehören. Sie wird wiederkommen – wenn auch vermutlich in verwandelter, neuer Form. Neustart, wie beim abgestürzten Laptop. Grund genug für eine kleine Bilanz. Worum ging es beim touristischen Aufbruch in die Freiheit eigentlich?

Ich bin doch kein Tourist

An Urlaub muss man immer ein bisschen glauben. Der Aufstieg des Fremdenverkehrs war durch ökonomische und technische Veränderungen möglich geworden, durch die Verbilligung von Reisen im Vergleich zu Lebenshaltungskosten und Löhnen. Die meisten Reisenden wollten das nicht so genau wissen. Sie kamen sich selbst romantisch, frei und ungebunden vor – auch wenn sie in Wirklichkeit Kundinnen und Kunden smarter Serviceunternehmen waren. Die hatten die Nachfolge älterer religiöser Dienstleistungsangebote angetreten – Anbieter von Erholungs-, Wellness- und Bildungsreisen benutzen bis heute fleißig das Vokabular von Reinigung, Pilgerschaft, Wiedergeburt und Sinnstiftung. Umgekehrt ist der eigene Urlaub jene begrenzte Zeitperiode, in der die Reisenden beschließen, Geschichten und Inszenierungen für wahr zu halten, die sie anderswo als Fiktionen behandeln würden. »One of the great things being on holidays«, haben die Wissenschaftsphilosophen Judith Baker und Ian Hacking geschrieben, »is that we can imagine, and also believe, everything we are told.«[4]

Fiktionen sind dehnbar. Deshalb war in diesen geträumten Welten immer sehr viel Platz, im Gegen-

4 Judith Baker und Ian Hacking, »Walking in the Andes«, in: *London Review of Books* 31, Nr. 17 (10. September 2009).

satz zu den Begrenzungen der realen Infrastruktur. Die Prospekte der großen Reiseanbieter, die Selbstdarstellung der Urlaubsorte, die Reiseteile der Tages- und Wochenzeiten erzählten Geschichten, die an den Glauben ihrer Kundinnen und Kunden an das Wunderbare, Einzigartige und Unberührte appellierten. Mit 1,5 Milliarden Touristen pro Jahr wurden diese Geschichten allerdings zwangsläufig zu einer Art Märchenstunde; jede erfolgreiche Saison ein bisschen mehr.

In der gelehrten Beschäftigung mit dem Tourismus sind in den letzten 35 Jahren eine ganze Reihe von Konzepten vorgeschlagen worden, mit denen man die Weiterentwicklung der Vergnügungsreisenden beschreiben wollte: Nach dem Alternativtouristen kamen der ironische Posttourist, der Detourist und der nachhaltige Ökotourist. Ob sie für messbare Umbrüche oder wirkliche Veränderungen standen, ist im Nachhinein schwer einzuschätzen, denn jede dieser Figuren war begleitet von weiteren Wachstumsschüben der globalen Mobilisierung zum Vergnügen. »Anders Reisen«, seit gut 50 Jahren als Forderung und Versprechen in einem formuliert, bedeutete in der Praxis einfach: noch mehr Reisen.

Schließlich sollte der Begriff als solcher ganz abgeschafft werden, jedenfalls wenn ich dem Bordmagazin der Fluglinie Easyjet glauben durfte. »How not to be a tourist« verkündete es auf seiner Titelseite im

Abb. 1: Tourist, sei kein Tourist. Titelseite des Bordmagazins der Fluglinie *Easyjet*, Oktober 2019

Oktober 2019. Gar kein Tourist sollte ich also mehr sein – aber selbstverständlich weiter die Angebote der orangenen Flotte buchen; mit besserem Gewissen, weil ich damit auch das Unbehagen am ungebrochenen Weiterwachsen der Branche hinter mir lassen durfte. Noch eine Selbstvermarktungsgeschichte vom wundersamen Verwandeltwerden durch Reisen, an die das Publikum glauben soll.

Von diesen Fiktionen handeln die folgenden Abschnitte. Die Wunderwaffe der Aneignung des exotischen fremden Anderswo ist allerdings um einiges älter als das Smartphone und der Selfiestick, den das Titelbild des Bordmagazins scheinbar selbstkritisch übers Knie bricht. Deswegen geht es im ersten Kapitel weit zurück – zu den europäischen Entdeckern des 15. und frühen 16. Jahrhunderts an der Wende zur Neuzeit. Ihr Auftrittsort und Landeplatz, der tropische Strand, ist bis heute das Sehnsuchtsziel moderner Reisender schlechthin. Der Geschichte dieses Ortes und seinen verschiedenen Bewohnern gilt dieser Lokaltermin, der von Südindien nach Portugal und wieder zurück führt.

Dabei stolpert man zwangsläufig über »Zeug am falschen Ort«, wie Oscar Wilde es so schön definiert hat: Schmutz. Ihm ist das zweite Kapitel gewidmet. Was haben der Fremdenverkehr und das Reden über Verunreinigung miteinander gemeinsam? Touristische Angebote sind als Wiederholungsschleifen organisiert und deswegen gegen jene Veränderungen empfindlich, die sie selbst ausgelöst haben und vorantreiben. Wieso nehmen sie so häufig die Form der Märchenstunde an – und auf welcher Arbeitsteilung beruhen sie?

Im dritten Kapitel geht es um die Bilder, die seit der Entstehung des Fremdenverkehrs im 19. Jahrhundert den großen sehnsüchtigen Aufbruch begleiten und organisieren. Seither ist der Tourist jemand, der von Bildern zum Sehenswürdigen geleitet wird und selbst ununterbrochen neue Fotografien davon macht. In den geträumten Welten des Fremdenverkehrs geben die Reisefotos in großer Detailtreue und Wahrhaftigkeit über diejenigen Auskunft, die sie angefertigt haben und sich selbst in ihnen spiegeln, als Berührungsmagie und Einbalsamierung. Um Selbsterforschungsunternehmen ganz anderer Art geht es im vierten Abschnitt, um den Fremdenverkehr als die Industrie des schlechten Gewissens. Wann waren die Ferienziele denn eigentlich unberührt, schön und ohne aufdringliche hässliche Besucher, in der guten alten Zeit?

Reiseführer und Reisebüros sprechen viel und gerne von »Traumdestinationen« – was, fragt das fünfte Kapitel, ist damit eigentlich genau gemeint? Die Sehnsüchte nach den perfekten Orten der Wunscherfüllung für ihre modernen Besucher haben interessante Vorgeschichten aus ganz unterschiedlich pittoresken Vergangenheiten. Sie sind Drehbücher für selbstgemachte Filme mit den Besuchern als Regisseuren und Hauptdarstellern in einer Person, und so viele verlockende fiktive Elemente sie haben, ein paar grundsätzliche Arbeitsteilungen setzen sie immer wieder neu in Szene: Heimkino im Menschenzoo. Ferien versprechen die persönliche Auszeit, das Entkommen, die Entlassung aus der Pflicht. Aber der vermeintliche Ausstieg aus allen Verantwortlichkeiten, so das sechste Kapitel, erweist sich als eng verbunden mit neuen Aufgaben, denen man sich nicht so einfach entziehen kann.

Wieso haben Ferien plötzlich aufgehört, so grenzenlos anziehend zu sein? Und was kann man vom Virus lernen? Davon handelt dieser Essay: *Als das Reisen nicht mehr geholfen hat*. Tourismus hat seit dem 19. Jahrhundert die vermeintliche Reise in die Vergangenheit zur Ware gemacht. Was war da wem eigentlich versprochen worden? Und was lässt sich in Zukunft damit anfangen?

1 Werde zum Entdecker

Eine Touristin, ein Tourist ist eine Person, die auf eine bestimmte Weise schaut. Der Ort ist nicht ihr Ort. Sie ist nicht gekommen, um hier zu arbeiten, Geld zu verdienen oder Information einzuholen. Sie ist keine Reporterin und kein Spion. Sie will ohnehin nicht unbedingt etwas erfahren: Ihre Informationen hat sie schon mitgebracht, deswegen ist sie ja da. Sie ist dorthin gereist, um das Schöne zu sehen.

Kerala, Südindien, Mitte Januar. Ach, sagte das ältere französische Paar beim Frühstück. Es sei so atemberaubend schön hier, das Meer, die Gewürze, die Farben und diese unglaublichen Strände, endlos groß und leer. Sie kämen jedes Jahr hierher, für vier Monate, von November bis Ende Februar. »Da ist es bei uns einfach zu kalt.« Wo sie denn wohnten? Montpellier. Vor uns glitzerte der Strand, der sich unabsehbar weit nach Norden und Süden erstreckte, dahinter Palmen. Zehn Uhr morgens, 32 Grad.

Der Strand, das ist das Ziel am Urlaubsziel: Diese Aufregung, wenn man dann endlich dort angekommen ist, man kann die Hosen gar nicht schnell genug ausziehen und sich ins Wasser schmeißen. Und dann Bilder davon machen. Geschätzte drei Viertel aller Bildschirmhintergründe in den Büros meiner Universität zeigen einen Strand – mit Palmen, menschenleer, wie in den Reisebüroprospekten. Im Frühjahr 2017 wurde eine Umfrage durchgeführt, was Schweizerinnen und Schweizer besonders intensiv mit Heimat verbänden. Die Familie, sagten 70 Prozent. Die Berge: 60 Prozent. Fast jede und jeder fünfte, 18 Prozent, meinte dagegen: der Meeresstrand.[5] Nicht nur die Franzosen und die Deutschen, sondern auch die Alpenbewohner sehnen sich nach den großen Sandflächen am Meer und fühlen sich dort daheim.

Sind der Strand und das Glück am Strand das, was uns alle verbindet, die Armen und die Reichen? Der Ethnologe Marc Augé hat das vermutet: Auf dem Sand zwischen Handtüchern und Sonnenschirmen, hat er geschrieben, fänden unsere eigenen archaischen Stammesriten statt. »Jeder verliert sich hier, und jeder findet sich wieder.« Die Dichte der Zeit werde spürbar, und diese Dichte verschaffe einem ein Gefühl von Kindheit: Eine Art Dauer. »Am Strand verbringt man die Zeit, und die verbrachte Zeit lässt sich nur am Strand wieder einfangen.«[6]

5 Michael Hermann, »Was ist Heimat für Sie?«, in: Stapferhaus Lenzburg (Hg.), *Heimat. Eine Grenzerfahrung*, Zürich 2017, S. 103.

6 Marc Augé, »Ort der wichtigen Nichtigkeiten. Ein Ethnologe am Strand«, in: *Le Monde Diplomatique* (deutschsprachige Ausgabe, Übersetzung von Thierry Chervel) August 1995, S. 23.

Eine nicht-subjektive Geschichte hat der Strand aber auch. Die heroischen Anfänge der europäischen Expansion werden als Strandgeschichten erzählt, im Film sowieso. Columbus, der in Ridley Scotts 1492 in Gestalt von Gerard Dépardieu mit Brustpanzer und nassen Pluderhosen auf den nassen Sand stapft und dort auf die Knie fällt, die Fahne mit dem Kreuz in der Hand. Weiter oben im Norden, erzählte das französische Ehepaar, seien die Strände noch leerer und größer. »Dort ist ja auch Vasco da Gama gelandet, 1498.« In Kappad Beach in Calicut, heute Kozhicode, erinnert ein Denkmal an den portugiesischen Entdecker; eine große graue Betonsäule mit englischer Aufschrift. Ein paar Schritte weiter kann man im Vasco da Gama Beach Resort einchecken.

Nach Vasco da Gama ist nicht nur die längste Brücke Europas benannt, an der Expo 1998 in Lissabon zum 500. Jahrestag der Entdeckung eröffnet, sondern logischerweise der Strand in seiner portugiesischen Geburtsstadt Sines; ebenso wie der große Platz am Strand in der Hafenstadt Kochi in Kerala, wo er 1524 gestorben ist. Monumentale Statuen von Columbus und Vasco da Gama bewachen auch die Kornhausbrücke, den alten Eingang zum Hamburger Hafen. Da steht Vasco bis heute, mit Glatze, Bauch und dickem Schwert, wie man sich 1903 eben einen

Helden der Seefahrt vorstellte. Strand ist Anfang. Aber wovon eigentlich?

Als Vasco da Gama in See stach, war der sandige Zwischenraum zwischen Land und Meer noch kein Traumziel, sondern etwas sehr Nüchternes, eine Art Rampe: Niemand ging dort zur Entspannung hin. Weder Columbus noch Vasco da Gama wollten an den Strand, sondern in das Land voller verlockender Waren dahinter. Das war nicht nur in Übersee so, sondern auch in Europa. Als Michel de Montaigne 1580 nach Italien reiste, schilderte er in seinem Tagebuch dort alle möglichen Unterhaltungsangebote: Thermalbäder, Spiele, Feste und Prozessionen, aber keinen einzigen Strand. Aus dem Wallfahrtsort Loreto notierte er, dass es so nahe an der Adria liege, das man angeblich vom Ufer bei schönem Wetter die Berge auf der anderen Seite des Meeres sehen könne – aber er selbst ging nicht dorthin, und den Grund dafür nennt er auch. Aus Furcht vor Türkeneinfällen sei der Ort von einer Mauer umschlossen und befestigt. Während seines Aufenthalts in Pisa im Juli 1581 überfielen in der Morgendämmerung drei türkische Galeeren die Küstendörfer vor der Stadt »und raubten fünfzehn bis 20 Leute, Fischer und arme Patres.«[7]

7 Michel de Montaigne, *Reise nach Deutschland, in die Schweiz und Italien*, übersetzt von Hans Stilett, Frankfurt a. M. 1993, S. 180 und 250.

Am Beginn der Neuzeit waren Strände riskante und unkontrollierbare Ränder der christlichen Welt. Bis weit ins 18. Jahrhundert waren sie im Mittelmeer Schauplätze der Razzien von Piraten in osmanischen Diensten, die ihre Opfer in die Sklaverei nach Nordafrika und Istanbul verschleppten, wenn sie nicht noch über Zwischenhändler, die *alfaqueques*, gegen Lösegeld freigekauft wurden.[8] Dieses Feilschen um Lösegeld geschah häufig direkt am Strand – das war praktischer und zeitsparender. Deswegen trägt der Playa de Alfaqueque in der Nähe von Valencia seinen Namen, ebenso wie der von Vendicari auf Sizilien, die teuren Gekauften. Die pittoresken weißen Klippen an der sizilianischen Südküste bei Agrigent mit dem türkisen Strand davor heißen bis heute *Scala dei Turchi*, die Treppe der Türken.

Montaigne hatte also gute Gründe, sein Handtuch nicht allzu nahe am Meer auszubreiten. Wenn er es überhaupt erwähnt, dann aus der Ferne. Als er auf der Rückreise durch die Versilia reiste, beschrieb er Massa di Carrara (»der Ort ist hübsch, hat schöne Straßen und schöne bemalte Häuser«) und die Ruinen der antiken Stadt Luna, aber keine Aussicht aufs Meer. Die Strände um Viareggio und Forte dei Marmi, die im 19. Jahrhundert zu einer der Landschaftssensationen Italiens

8 Wolfgang Kaiser, »Sprechende Ware. Gefangenenfreikauf und Sklavenhandel im frühneuzeitlichen Mittelmeerraum«, in: *Zeitschrift für Ideengeschichte* 3 (2009), S. 29–39.

wurden, waren für einen Reisenden dreihundert Jahre früher alles andere als verlockend, und die Küste entvölkert. »Die Luft soll so schlecht sein, dass man dort nicht bleiben kann und die meisten sterben.«[9] Noch 1780 warnte Roland de la Platière in seinem Reisebericht vor den »fauligen Dämpfen« und »erstickenden Dünsten«, die man überall an den toskanischen Küsten einzuatmen drohe; es wimmele von Kadavern und verwesenden Tieren. Sein Landsmann Pierre Thouvenel schrieb 1797 in seinem Traktat über das italienische Klima, dass alle sumpfigen Orte am Meer für ihre Bewohner tödlich seien. Kinder und Erwachsene dort seien »bleich wie lebende Gespenster«; wer an den südlichen Küsten entlangfahre, dem drohe Niedergeschlagenheit und »seelische Bestürzung«. Die Strände von Ostia seien grauenerregend, bemerkte Carl Victor von Bonstetten, der am Beginn des 19. Jahrhunderts auf den Spuren von Vergil in Italien unterwegs war: eine »abscheuliche, verpestete Küste«.[10]

Buena ventura!

Und der Entdecker Vasco da Gama? Als er 1498 in Kerala ankam, ist er nicht an den schönen Palmen-

9 Montaigne, *Reise nach Deutschland*, S. 279.

10 Alain Corbin, *Meereslust. Das Abendland und die Entdeckung der Küste*, Berlin 1984, S. 198 f., 202, 257.

strand gestapft. Er ließ vor der Küste Anker werfen und wartete erst einmal ab, wie der anonyme Autor des zeitgenössischen »Roteiro« berichtet. Aus Kenia über den Indischen Ozean navigiert hatte seine Schiffe ein arabischer Lotse, den Vasco dort in seine Gewalt gebracht hatte und der Italienisch sprach; und arabische Kaufleute waren es auch, die seine bewaffneten Karavellen in Kerala begrüßten. Der Kommandant ging nicht selbst an Land, sondern schickte einen *degregado*, einen verurteilten Sträfling, um die Lage zu erkunden. Der wurde zu zwei arabischen Händlern an Land gebracht, die Spanisch und Genuesisch konnten. »Hol Dich der Teufel«, begrüßten sie ihn, »was bringt euch hierher?« Sie suchten Gewürze und Christen, gab der Portugiese an, und einer der Händler begleitete ihn zum Schiff zurück und verhieß den erstaunten Entdeckern *buena ventura, buena ventura*, viel Glück und gute Geschäfte, denn das ganze Land sei voller Rubine und Smaragde. »Wir waren«, notiert der Autor des Berichts, »überaus erstaunt, als wir ihn hörten, und konnten kaum glauben, dass es so weit weg von zuhause jemanden gab, der unsere Sprache verstand.«[11]

11 Gernot Giertz (Hg.), *Vasco da Gama. Die Entdeckung des Seewegs nach Indien 1497–1499*, Wiesbaden 2011, S. 36 f. Zum Autor des Berichts siehe die Bemerkungen bei Sanjay Subrahmanyam, »The Birth-pangs of Portuguese Asia. Revisiting the fateful ›long decade‹ 1498–1509«, in: *Journal of Global History* 2 (2007), S. 261–280.

An Land gegangen ist Vasco da Gama erst eine weitere Woche später einige Kilometer nördlich, um den Herrscher von Calicut zu treffen – ein gründlich misslungener Versuch in kultureller Verständigung, wie der Historiker Sanjay Subrahmanyam gezeigt hat. Die europäischen Entdecker machten sich von dem, was sie entdeckten, eindeutige, aber falsche Vorstellungen. So wie die spanischen Konquistadoren in Mexiko die aztekischen Tempel als »mesquitas« – Moscheen – sahen, glaubten die Portugiesen in einem Vishnutempel in Calicut, sich in einer Marienkirche zu befinden; und ihr Versuch, mit dem Herrscher von Calicut freundliche diplomatische Beziehungen anzuknüpfen, endete in gegenseitigen Vorwürfen und Feindseligkeiten. Auch ihre Rückreise war alles andere als triumphal. Vasco da Gama verlor fast die Hälfte seiner Besatzung und musste eines seiner drei Schiffe aufgeben. Er machte auf seiner Reise, so der Autor einer neuen Überblicksdarstellung etwas harsch, »ungefähr jeden Fehler, den man sich vorstellen konnte.«[12]

Für seine Heroisierung als mythischer Entdecker war das schon im 16. Jahrhundert kein Hindernis. Sie ist bis ins 21. Jahrhundert munter fortgesetzt worden. Populäre politische Indienstnahmen von Geschichte

12 Sanjay Subrahmanyam, *The Career and Legend of Vasco da Gama*, Cambridge 1997, S. 128–149; Zitat bei Felipe Fernandez-Armesto, *Pathfinders. A Global History of Exploration*, New York/London 2006, S. 112.

sind gegen die Ergebnisse historischer Forschung bemerkenswert immun, vor allem dann, wenn sie sich für große Jubiläumsfeiern eignen wie die von 1998. Aber wer hatte 1498 eigentlich was entdeckt? Überall, wo Vasco und seine Leute in Indien an Land gingen, trafen sie auf Personen, die sie auf Italienisch und Spanisch ansprachen – Juden und Araber aus dem östlichen Mittelmeer. Wenn die keine Entdecker waren, wieso dann die Portugiesen?

Am Praia do Vasco da Gama in seiner Geburtsstadt Sines will das historische Gefühl ohnehin nicht so recht aufkommen. Der Strand und die zerfallende Altstadt darüber sind eingerahmt von Raffinerien und einem riesigen Terminal für Öltanker. Aber die Spezialität der lokalen Konditoreien ist nach dem großen Sohn der Stadt benannt: Vasquinhos – süße runde Kuchen aus Mandelteig, von den Mauren auf die iberische Halbinsel gebracht. (Schon wieder die Araber.) Von der Frühstücksterrasse des Hotels »Dom Vasco« sieht man auf Raffineriefackeln und Sozialwohnungen, und auf den traurigsten Kneipen prangt das Werbeschild für die Biermarke Superbock: »La vida é super«.

Fort Kochi in Kerala dagegen, wo Vasco 1524 gestorben ist, summte von Menschen, als ich im Januar 2017 da war. Die Besucher der großen Biennale für Gegenwartskunst mischten sich mit europäischen und indischen Touristen, die Vasco da Gamas Grab in der Franziskanerkirche besichtigten. Es ist leer – sein Körper wurde schon im 16. Jahrhundert nach Portugal überführt, der tote Held wurde daheim dringend benötigt. Das Grab ist aber geschmückt mit einem Blumenkranz und bunten Fahnen in einem gläsernen Schrein; gestiftet von einem Fußballverein in São Paolo, der den Namen des Entdeckers trägt. Fußball gespielt wurde auch auf dem langen Strand am Vasco da Gama Place fünf Minuten weiter, wo man auf die Hafeneinfahrt schauen konnte, auf Verladeterminals und Containerschiffe. An der Strandpromenade drängten sich zwischen den Imbissständen Spaziergänger, die den auffrischenden kühlen Wind bei Sonnenuntergang genossen. Sechs Uhr abends, und immer noch 27 Grad.

Die Strände von Kerala sind ein guter Ort, um über die »Dichte der Zeit« nachzudenken, wie Marc Augé das so poetisch nennt. Kerala ist der am dichtesten besiedelte indische Bundesstaat: Er bietet Fülle in jeder Hinsicht, an Sonne, Gewürzen, gutem Essen, freundlichen Menschen, großen Marx- und Che-Guevara-Porträts (seit 1955 von kommunistischen Parteien regiert) und noch größeren Werbeplakaten für Shopping Center und Goldschmuck. Morgens vor Sonnenaufgang hört man die Muezzine und die Messgesänge aus den syrisch-orthodoxen und den katholischen Kirchen, denn Kirchen wie Moscheen haben große Lautsprecher. Nachts verwandeln sich die Straßen in einen

Glitzerfilm aus Leuchtgirlanden und Neonskulpturen; die Hindutempel und Kirchen sahen wie anheimelnde Raumstationen in rosa und hellblau aus und waren abends um halb zehn voll mit Menschen.

»Mais c'est drôle içi«, sagte das ältere französische Paar. Obwohl immer die Sonne scheine, sei der Himmel nie richtig strahlend blau, als ob alles ganz fein verpixelt sei. Die Sonne ging morgens in einem rosa Dunst auf, der aus Feuchtigkeit bestand und aus dem Rauch von all den Feuern, auf denen in den kleinen Häusern unter den Palmen um uns das Frühstück gekocht wurde; die Auspuffschwaden der Busse, Autos und ratternden Zweitakter und ein zarter Hauch von brennenden Plastiktüten. Fülle macht einen leicht desorientiert, man wird von allen Seiten her ständig angeschubst. Für Erfüllung dagegen braucht man einen ordentlich großen und ordentlich leeren Leerraum, einen lang gestreckten Mangel.

Willkommen bei den Krähen

Und deswegen der Strand. Denn am Strand – und nur am Strand – hatte man ganz viel leeren Raum um sich: Man konnte Kilometer um Kilometer am wilden grünen Meer entlang geradeaus gehen, ohne jemandem zu begegnen. Es gab auf den Sand hinaufgezogene Fischerboote, einen angeschwemmten Fisch manchmal oder eine tote Schildkröte, tote Krabben, die von den anderen Krabben im Sand noch nicht aufgegessen worden waren; Müll, leere Schnapsflaschen. Über den Kokospalmen standen weißköpfige Seeadler im Westwind, wie stillgestellt im großen Blau. Sie stießen hohe maunzende Kinderschreie aus, die gar nicht zu ihrer sieghaft-räuberischen Erscheinung passen wollten. Einer lag im Sand und konnte nicht mehr auffliegen; seine Kollegen umkreisten ihn und machen Sturzflüge zu ihm herunter, die er kreischend und flügelschlagend abwehrte. Und drumherum, auf dem Sand, auf den Booten, in den Bäumen, überall die Krähen.

»Eine einzelne Krähe«, heißt es am Beginn von Salman Rushdies Autobiografie, »fliegt vom Himmel herab und landet auf dem Klettergerüst.« Dann vier, eine fünfte, bis viele hundert Krähen auf dem Hof sind, und Abertausende den Himmel verdecken. »Als die erste Krähe landet, wirkt sie besonders, spezifisch, einzigartig. Später, als die Plage sich ausbreitet, fällt es den Leuten leicht, in der ersten Krähe einen Vorboten zu sehen. Als sie aber auf dem Klettergerüst landet, ist sie nur ein einzelner Vogel.«[13]

Krähen sind in Kerala überall, aber besonders am Strand. Der Strand ist das Noch-nicht- oder Nicht-

13 Salman Rushdie, *Joseph Anton. Die Autobiographie*, München 2012, S. 12.

mehr-Land. Er ist das Territorium der Aasfresser, an dem man nie jemandem begegnete, wenn es keine Touristen gab, und die gab es nur an relativ kurzen Streifen vor den Strandhotels; dann viele Kilometer lang niemand. Nur manchmal ein Fischer, in der Hocke zwischen den Dünen mit heruntergelassenen Hosen, der sich verschämt zurückzog, bis man an ihm vorbei war. Erst vor Sonnenuntergang, wenn die große Hitze vorbei war, nahmen die Einheimischen den Strand in Besitz, in großen vergnügten Gruppen, die angezogen im Meer planschten; oder zu zweit, als schüchterne Liebespaare, die sich hinter einem aufgespannten Schirm aneinander schmiegten.

Bei den Hindus, hatte der männliche Teil des älteren französischen Paars erzählt, plötzlich sehr ernst, gäbe es keine Gespenster. Denn alle Tiere seien wiedergekehrte Tote: Elefanten, Kühe, Hunde, Seeadler, und die schwarzen Krähen auch. »Die Krähen!«, rief meine Begleiterin nach einem Spaziergang am Strand in der zweiten Woche plötzlich aus, »hast Du die Krähen gesehen? Die Krähen sind schrecklich. Hast Du gesehen, was sie da aus dem Sand ausgraben?« Nein, ich hatte nicht so genau hingeschaut. Vormittags waren überall auf dem Strand kleine braune, rote und schwarze Häufchen. Die Fischer hatten sie hinterlassen, die sich mit hochgeschlagenem *dhoti* hinhockten. »Genau«, sagt sie angeekelt. »Und dann stochern sie mit dem Schnabel darin und verteilen sie überall hin.

Und dann schnäbeln sie miteinander, uuh.« Sie war richtig schockiert.

»Krähen bleiben mysteriös, ohne exotisch zu sein«, hat Cord Riechelmann in seinem schönen Buch über sie geschrieben. Dort kann man auch lesen, dass nichtbrütende Krähen den Nachwuchs ihrer brütenden Artgenossen töten und fressen. »Ihre Sozialstrukturen sind sehr komplex.« Bei ihm geht es um Berlin; Krähen in Übersee kommen nicht vor. Als Krähen, lehrt das indische Gesetzbuch Dharma-shastra aus dem 12. Jahrhundert, würden diejenigen wiedergeboren, die in einem früheren Leben als Angehörige einer niedrigen Kasten hochmütig geworden und gegen ihren Status rebelliert hätten – Karma Police.[14] In Indien, 1,2 Milliarden Menschen, verfügt ein Drittel der Bevölkerung über keinen eigenen Stromanschluss. (In China ist es ein Prozent.) Ein Fünftel lebt in absoluter Armut. Auch in Kerala, einem vergleichsweise fürsorglichen Bundesstaat, hat nur jedes zweite Haus eine Toilette.[15] Die Hälfte der

14 Wendy Doniger, *The Hindus. An Alternative History*, London 2009, S. 311–315. Die Autorin lehrt an der University of Chicago. Die indische Ausgabe des Buchs wurde nach Protesten konservativer religiöser Gruppen von Donigers Verlag 2014 zurückgezogen, nicht ausgelieferte Exemplare wurden vernichtet. 2016 wurde es von einem anderen Verlag erneut auf den Markt gebracht.

15 Mehr Zahlen bei Jean Drèze und Amartya Sen, *Indien. Ein Land und seine Widersprüche*, München 2015.

Bevölkerung ist gezwungen, ins Freie zu scheißen: jeden Tag, überall.

Wem man am Strand aber ebenfalls begegnete, waren Brautpaare – immer an der gleichen Stelle, weil man dort mit dem Auto nahe dranfahren konnte. Begleitet waren sie von einem Fotografen: Die Braut in Weiß, der Bräutigam in elegantem Anzug, und sie musste sich in seine Arme legen, im Sand und dann im kniehohen Wasser in immer neuen Arrangements, während der Fachmann seine Nikon klicken ließ; umkreist von einer Drohne, die der Assistent startete und die surrend aufstieg und wieder sank, für die Aufnahmen auf Video. Das dauerte eine Viertelstunde, dann packten sie zusammen und fuhren davon, und das nächste Brautpaar mit Fotograf erschien. An der Strandpromenade am Vasco da Gama Place in Kochi saßen die Liebespaare am wolkenlosen Sommerabend unter Regenschirmen. Das taten sie nicht nur, um sich vor den Blicken der Passanten zu schützen, sondern auch vor dem Kot der Krähen, die sie umkreisten, so wie sie alles und jeden umkreisten, die Spaziergänger und die Imbissstände; die Bänke und Steinstufen am Meer waren weiß und grau gesprenkelt.

Denn sie mag uns. *Corvus splendens*, die indische Glanzkrähe, mag den Strand, weil sie Menschen mag. Und Müll. Spannweite zwischen 50 und 80 Zentimeter, dunkel schiefergrau, fünf Zentimeter langer Schnabel – »etwa zur Hälfte von schwarzen Nasalborsten bedeckt« heißt es bei Wikipedia; der Vogel hat einen eigenen Artikel dort. Kulturfolgerin, seit Jahrtausenden eng mit uns vergesellschaftet: Ernährt sich hauptsächlich von menschlichen Abfällen. 2016 ist sie auf die »Liste der unerwünschten Arten« der EU gesetzt worden – ich wusste gar nicht, dass es so eine Liste gibt.

Corvus splendens ist ein unternehmungslustiges Tier. Schon im vorletzten Jahrhundert ist sie auf Schiffen von Indien nach Malaysia und Vietnam bis nach Ostafrika und Australien gereist. Während sie in Australien und auf den Seychellen erfolgreich wieder ausgerottet wurde, ist die Glanzkrähe heute in Ostafrika und auf Sansibar bis Djibouti, im Jemen und am Suezkanal weit verbreitet. Mittlerweile ist sie auch in Israel und in Saudi-Arabien angekommen; in Südafrika, Tansania und Singapur laufen Ausrottungsprogramme. Ihr Erfolg ist ungewiss. Seit den 1980er Jahren gibt es eine Kolonie von Glanzkrähen im Hafen von Rotterdam, seit 2004 eine in Den Haag. Einzelne Exemplare wurden auch in Nord- und Südamerika gesichtet.[16] Anders gesagt: Ein Vogel, von dem man noch hören wird.

Mit der Verkleinerung und Vernetzung der Welt, die Westeuropa mit dem Namen Vasco da Gama ver-

16 Mehr auf der Website der »Invasive species compendium«, https://www.cabi.org/isc/datasheet/15463; und bei John M. Marzluff und Tony Angell, *In the Company of Crows and Ravens*, New Haven/London 2005.

bindet (und die schon lange vor ihm angefangen hat), begannen sich nicht nur Schiffe, Waren und Menschen in Bewegung zu setzen. Sondern auch alle anderen Arten kleine und große Lebewesen, Bakterien und Viren, geplant und ungeplant, und in viele Richtungen gleichzeitig. Man muss nur lange genug am Meer entlang laufen, dann liest man die Stereotypen aus den Katalogen der Reisebüros auf einmal anders. »Werden Sie Entdecker!« »Endlose Strände.«

Das klingt wie Fiktionen, aber es ist alles wörtlich wahr. Und das ist vielleicht das Eindrucksvolle an Kerala: Die freundlichen, gebildeten und zuvorkommenden Menschen dort verwandeln mich sofort in einen reichen weißen alten Mann. Denn der Grund, warum man in Indien so günstig reisen, wohnen, essen kann, ist die extreme Ungleichheit. In »Holidays in The Sun« von 1976 haben die Sex Pistols das knapp auf den Begriff gebracht: »Cheap holidays in other people's misery.«

Nicht das Unbekannte, sondern das Vertraute ist die Falle: Der Lockstoff ist dasjenige, von dem ich mir einbilde, ich würde es bereits kennen. Wir bestehen aus Hoffnung und Ahnungslosigkeit, hat die Dichterin Lucia Perillo geschrieben, die irgendwann endgültig zerfallen, lange vor unseren Knochen und Zähnen. Die Strände am Indischen Ozean sind ein guter Ort, um das zu merken.

2 Zeug am falschen Ort

Ostersamstag 2021, frühmorgens. Etwas ist anders als sonst in der Altstadt von Salzburg – oder in Konstanz, oder in Luzern. Wählen Sie einfach eine Destination aus, die Sie kennen, eine mit schmucken Altstadthäusern mit Geranien und großen Besucherparkplätzen. Aber jetzt haben Unbekannte die Schaufensterscheiben der Souvenirgeschäfte nachts bemalt, mit einem großen »D« in klebriger schwarzbrauner Farbe.

Ostersonntag 2021, es regnet. (Es regnet oft zu Ostern in Salzburg, Konstanz, Luzern.) Gruppen von maskierten Aktivisten in Regenkapuzen bewerfen geparkte Touristenbusse mit Farbbeuteln. Die klebrige schwarzbraune Farbe landet auf den Windschutzscheiben: Es ist dieselbe wie auf den Schaufensterscheiben in der Nacht zuvor. Durch die Scheibenwischer verteilt, macht sie die Scheiben undurchsichtig und muss zeitraubend mit Lösungsmitteln entfernt werden. Die Aktion, an drei Orten gleichzeitig, dauert nur drei Minuten; die Angreifer entkommen unerkannt, weil die Polizei von der Aktion völlig überrascht ist. Die Busparkplätze sind über mehrere Stunden blockiert, weil Busse mit klebrig verschmierten Frontscheiben nicht weiterfahren können.

Die Farbe ist ein Isolieranstrich auf Bitumenbasis; ein weit verbreitetes Produkt – 5 Liter sind für weniger als zehn Euro im Heimwerkermarkt erhältlich. »Do it yourself« ist auch die Überschrift der Flugzettel, die bei der Aktion verteilt würden. Die Aktivisten beklagen darin die Okkupation öffentlicher Räume durch touristische Kommerzialisierung und kündigen weitere Aktionen an, Slogan: »Dirt for a dirty industry«. Das große »D« für »Do it« und »Dirt« ist plötzlich überall auf den Hauswänden und Schaufensterscheiben von Salzburg, Konstanz, Luzern – Protest ist Marketing und braucht ein Logo.

In den folgenden Tagen würden Touristengruppen in der Altstadt mit Farbbeuteln mit derselben Farbe beworfen – plus Beuteln mit Gülle, die beißenden Gestank verbreitet. Bilder der Aktionen tauchten als posts in den sozialen Netzwerken auf. In der *Süddeutschen Zeitung* und im britischen *Guardian* erschienen erste Reportagen über die »Schmutzattacken« auf Besucher. Nach einer weiteren Farbbeutel-Attacke auf Touristencars würde ein Bericht in den Nachrichten des österreichischen (oder deutschen, oder schweizerischen) Fernsehens gesendet. Es folgt ein Artikel in der *New York Times*, der von Zeitungen in China und Indien aufgegriffen wird.

Die Angreifer wären nicht schwarz vermummt wie auf Demonstrationen. Sie trügen bunte Freizeitoutfits, Kopftücher, Sonnenhüte und Sonnenbrillen. Sie sehen aus wie die Touristen, die sie mit Teer und Gülle bewerfen. Ein Souvenirladenbesitzer würde eine private Bürgerwehr aus Freiwilligen organisieren, die fremde Besucher vor Übergriffen schützen soll. Bei ihrem ersten Einsatz halten die Schutzkräfte einen jungen Amerikaner, der seine Mitreisenden beim Öffnen einer Coladose aus Versehen bespritzt hat, irrtümlich für einen antitouristischen Angreifer und versuchen ihn bis zum Eintreffen der Polizei festzuhalten. In der folgenden Rangelei würde der junge Mann Schürfwunden erleiden und Strafanzeige und Schadenersatzklage einreichen wegen der erlittenen seelischen Traumata im Urlaub.

Die Behörden würden massiv verstärkte Polizeipräsenz rund um die Busparkplätze und in der Fußgängerzone der Altstadt ankündigen, um weitere Zwischenfälle zu vermeiden. Und die benachbarten schmucken Urlaubsorte – Innsbruck oder Garmisch, Udine oder Interlaken – würden Anzeigenkampagnen schalten. Auf ihnen wären lächelnde Deutsche, Chinesen und Inder vor weißen Bergen, grünen Wäldern und schmucken alten Häusern zu sehen, mit Einkaufstüten. Darunter steht vermutlich: »Hier bleiben sie sauber. Bei uns sind *alle* Urlauber willkommen.«

Ende des Zukunftsszenarios. Maskierte Aktivisten mit Farbbeuteln sind Vergangenheit – sie stammen aus dem Protestrepertoire der 1970er und 1980er Jahre. Aber Tourismus ist ja auch Vergangenheit, in einem ganz wörtlichen Sinn. Nur hat er im 21. Jahrhundert ein neues Problem. Und das ist die Utopie, dass er immer weiter zunehmen kann, ohne dass sich etwas verändert.

Das Etikettenparadox

In Salzburg, Konstanz und Luzern – und an noch unendlich viel mehr Orten – besuchen Touristen heute genau dieselben Sehenswürdigkeiten wie vor 100 oder 150 Jahren, auf denselben Routen, umgeben von denselben Souvenirständen. Fremdenverkehr muss seit mehr als einem Jahrhundert die Fiktion aufrechterhalten, dass man in Salzburg, Konstanz und Luzern eben das echte Alte sähe: Hausfassaden, Kirchen, Altstadtgassen, die seit 150 Jahren im Namen des personalisierten Erlebens in Bildern vervielfältigt werden. In dieser Sonderwirtschaftszone gelten besondere psychische Regeln. Wenn Du in Ferien bist, so das Versprechen, wirst Du das bekommen, was Du bestellt hast. In dieser Sonderwirtschaftszone – in der pittoresken Altstadt oder am tropischen Strand, je nach Buchung – werden Deine Wünsche erfüllt.

Tourismus fühlt sich wie eine Privatsache an, aber es ist keine. Tourismus ist jene Industrie, die von sich sagt, dass sie das genaue Gegenteil einer Industrie sei. Deswegen ist sie auch so empfindlich gegen alle Sorten von Schmutz – Zeug am falschen Ort. Die eigenen Wünsche vertragen keinen Schmutz.

Die Reisegruppen aus China, Indien, Spanien, denen ich in der Fußgängerzone begegne, möchten die stimmungsvollen Altstädte Europas sehen. Für die Erfüllung dieses Wunschs bezahlen sie auch, er ist ihr gutes Recht. Aber was wünsche ich mir im Urlaub? Ich möchte mich ganz viel in der Sonne bewegen und schlank, braun und muskulös werden. Ich möchte alle diese wunderbaren Spezialitäten an meinem Ferienziel genießen – den Wein, den Käse, das Eis. Ich möchte die sommerliche sexuelle Erfüllung, für die mir im restlichen Jahr die Zeit, die Gelegenheit und das Objekt irgendwie gefehlt hat. Ich möchte alle diese wichtigen, mich zutiefst berührenden, mein Leben verändernden Bücher lesen, für die ich sonst keine Muße habe. Und zwar alles gleichzeitig. Fehlt noch etwas? Ja, ich möchte meinen Kindern all das zeigen, was mir wichtig ist, was mich geprägt hat, was mich ausmacht. In den Ferien geht es in die Wünsche. Egal, in welches Anderswo wir gereist sind, Berge, Bauernhof oder Meer, es soll ein Weitweg sein, eine Unterbrechung, ein Anders-Leben.

Und das alles wünsche ich mir gleichzeitig, jedes Jahr zu Sommeranfang, und jedes Jahr immer wieder neu, eher noch drängender als das letzte Mal, weil ich überzeugt bin, das Recht auf die Erfüllung all dieser Wünsche zu haben. So einzigartig und individuell dieser Wunsch nach dem Schönen von mir empfunden wird, so kollektiv und simultan ist seine Erfüllung organisiert. Jeden Sommer fahren in ganz Europa in der zweiten Juliwoche viele Millionen Menschen gleichzeitig los, um mit ihren Autos einen stillen Platz am Meer zu finden. Und zwar einen, an dem möglichst wenig andere Leute und möglichst wenig andere Autos sind. Das Resultat ist vorhersehbar.

Und hinterher die Bitterkeit. »Es ist mir doch versprochen worden.« Das ist die Ende August-Kränkung, hat mir ein französischer Freund einmal erklärt. In der ersten Septemberwoche, der kollektiven Rückkehr aus den Sommerferien, als »la rentrée« in Frankreich ein fester Begriff, gebe es in allen Supermärkten immer sehr attraktive Sonderangebote für Alkoholika. Und natürlich neue Angebote für die nächste Saison. Fremdenverkehr ist das, was die Sozialwissenschaft einen »Superreplikator« nennt: Er verspricht die Erfüllung von Bedürfnissen, die er selbst erzeugt hat, und erzwingt so dauernde Wiederholung. Touristisches Reisen macht auf eine Weise unzufrieden, gegen die nur mehr Reisen zu helfen scheinen.

»Ich fühle mich irgendwie belogen«, lässt Susan Sontag ihre Ich-Erzählerin im Jahr 1977 sagen, in dem der Essay »Unguided Tour« erscheint. »Sie sind nicht alle schön, die schönen Dinge.«[17] Nennen wir es das Etikettenparadox. Wo groß »Freiheit« drauf

17 Susan Sontag, »Unguided Tour«, erstmals in: *New Yorker*, 23. Oktober 1977, zuletzt bei John d'Agata (Hg.), *The Next American Essay*, Minnesota 2003, S. 29–39. Eine deutsche Überset-

steht, ist sie gewöhnlich nicht zu finden. Dasselbe gilt für »Authentisch«, für »Original« und »Exklusiv«. Und »Ferienerlebnis«? Siegfried Kracauer hat vor 90 Jahren die Kinos, Tanzpaläste und Operettentheater seiner Zeit als Vergnügungskasernen beschrieben, »Asyle für Obdachlose«. Was würde er heute wohl über Gruppenreisen, Europa in acht Tagen, Benidorm und die Kreuzfahrtschiffe sagen? In Amüsierinstitutionen wird man in das Vergnügen anderer Leute eingesperrt, mit festem Pflichtenheft. Verzückung – die große Erfüllung, der Genuss – macht einen bedürfnislos, weil man zufrieden ist. Deswegen ist Glück schlecht fürs Geschäft. Wer jemandem etwas verkaufen will, muss ihn in ein Wesen verwandeln, dem etwas fehlt.

»Wann haben wir diese Wunde zum ersten Mal gespürt?« (Noch einmal Susan Sontag.) »Diese unheilbare Wunde, die unstillbare Sehnsucht nach einem anderen Land. Nach Anders Sein. Es ist nicht das Paradies, das verloren ist.«[18]

Weil ich mich selbst nicht herauslösen kann aus dem, was mich festhält, soll es die Urlaubsreise für mich tun: Mich verwandeln. Die meisten Wünsche, die ich habe, haben in Wirklichkeit mich. Sie wollen etwas von mir. Und nicht nur von mir. Der Wunsch

zung ist 1979 beim Hanser Verlag erschienen; ich zitiere aber nach der Ausgabe von John d'Agata, meine Übersetzung, S. 32.

18 Sontag, »Unguided Tour«, S. 39.

ist anhänglich, aber er ist nicht sehr treu, er hat außer mir noch viele andere Liebhaber. Die schmucke historische Altstadt mit den Geranien, das Paradies auf der tropischen Insel, das Haus am Meer im Süden, einsam und direkt am leeren Strand, Mitte Juli bitte, das urtümliche Chalet in blühenden Wiesen vor verschneiten Bergen: Sie alle haben viele Wunschanhänger, und jeder von ihnen ist, wie ich, aufrichtig davon überzeugt, dass seine Version des Wunsches unmittelbarer und irgendwie echter ist als die aller anderen. Urlaub ist die mythische Festung Kinderland für Erwachsene, Infantilisierung für Rentner: Ein bizarres Schlaraffenland, in dem Rindfleisch und Superbenzin für immer billig bleiben werden für die Besucher über 60, die in großen Gruppen vom Busparkplatz herüberkommen und sich gegenseitig die Speisekarten vorlesen, wie Beschwörungsformeln.

So sind Ferien. Ich erhalte ein sehr leistungsstarkes Instrument geschenkt, eine Wunderwaffe des Wohlergehens. Je öfter ich sie gebrauche, desto mehr verwandelt sie sich in eine Bedingung, in eine erstarrte feste Hülle. Und dann in ein Korsett aus Vorschriften und Pflichten. Man nimmt das besser nicht persönlich. Computerprogramme sind so, Unterhaltungsmedien, Liebesgeschichten, Karrieren. Und Ferien. Man muss irgendwann unauffällig seitlich wieder aus ihnen hinausschlüpfen. Sonst fressen sie einen auf.

Urlaubsspiele

Reisen ist mein Traum vom Entkommen: Die Einbauküche endlich hinter mir lassen. Einfach aufbrechen, sagt der farbige Prospekt mit den schönen Bildern von den Stränden, vom guten einfachen Leben anderswo. »Einfach« ist diese Freiheit dann doch nicht zu haben, sie braucht die dazugehörige Infrastruktur, den Freiheitsbedarf: Was muss ich unbedingt haben, um diese Freiheit auf Zeit auch so richtig genießen zu können? Diesen Markt beackern die Outdoor- und die Autobranche seit Jahrzehnten. Manchen (den besser Bezahlten, im Zweifelsfall) reichen Zahnbürste, Deo, das zweite Set Wäsche zum Wechseln und die Kreditkarte. Andere brauchen ein Campingmobil, das miniaturisierte Doppel ihres Wohn- und Schlafzimmers. Plus Einbauküche.

Könnte es sein, dass Urlaub eine Art Verzweiflung am eigenen Alltag ist, als Belohnung verpackt? Ich bin offenbar nicht sehr frei, wenn ich frei habe. Ferien sind deswegen mit ziemlichem Stress verbunden. Und mit der Besorgnis, ob ich nicht ohnehin schon zu spät dran bin. Das ist auch die Erklärung für die gewisse Verbissenheit, die sie umgibt: Sie sind geschrumpelte Lebensprojekte, die man nur in miniaturisierter und infantilisierter Form nachspielen kann, aber deswegen umso hartnäckiger verteidigt. Wegfahren ist Wiedergutmachung, Reparatur und retroaktive Selbstveränderung, die ein Gegenmittel gegen die Angst vor dem eigenen Alt-Sein als Hässlichkeit verspricht. Das Schwindelgefühl beim Blick in den Spiegel: »Bin das ich, jetzt?«

Die Touristen, also ich und Sie, wir kommen uns selber in die Quere. Wir winken uns nur dann gutgelaunt zu, wenn die Verkehrsmittel, auf denen wir uns befinden – Züge, Busse, Schiffe – sich bewegen. Sonst: aufschauen, wegschauen. Im Urlaub wünscht man sich seine Ruhe, aber Stillstand geht gar nicht. Wieso muss ich hier stehen und auf mein Mietauto, meinen Zimmerschlüssel, mein Eintrittsbillett warten? Wieso – mit erhobener, gereizter Stimme – geht das hier nicht voran? Wieso machen die nicht endlich vorwärts?

Das Hotel heißt Romantica, mein Zimmer ist deutlich kleiner, als es auf der Website ausgesehen hatte. Haben die hier kein WLAN? Können die nicht den Müll wegräumen von all den anderen Leuten? Ankommen heißt an den Strand gehen; ins Dorf, in die Stadt. Ich setze mich in das idyllische Straßencafé, auf die Aussichtsterrasse, an den Ort des Richtigen und Schönen. Dieser Ort ist die Bühne für die Urlaubsspiele, die die Touristen – also ich – dort aufführen. Das »Das-gibt-es-nur-hier-koste-doch-davon«-Spiel. Das »Ich-bewundere-intensiver-als-Du«-Spiel. Das »Jetzt-sei-nicht-so-empfindlich«-Spiel. Und das sehr beliebte »Ich-hab-das-aber-extra-für-Dich-bestellt«-Spiel. Ich sitze vor den einzigartigen Sehenswürdigkeiten und tippe in mein Telefon. Ich halte es mir ans Ohr und sage Dinge wie »Es ist schon sehr schön hier, nur eben sehr heiß«. Ich sage: »Wir müssen länger miteinander reden, wenn Du einmal Zeit hast«.

»When this party is over / it will start again / it will not be any different / it will be exactly the same« haben die Talking Heads 1979 gesungen; »Heaven« heißt das Stück. Auch der Urlaub findet in Wiederholungsschleifen statt: Deswegen ist das beliebteste Urlaubsspiel von allen das Vergleichs-Spiel. »Das können sie aber in Spanien besser.« »Früher standen hier noch nicht so viele Häuser.« »Früher waren hier um diese Jahreszeit noch nicht so viele Leute.« »Früher konnte man hier überall gratis parken.« Susan Sontags Ich-Erzählerin von 1977: »Man muss sich hüten vor der Frage, ob es dieses Jahr noch besser ist als das letzte Mal. Das ist nie so.«[19]

Ein Superreplikator ist dann erfolgreich, wenn er seine Benutzer so unzufrieden macht, dass sie mehr davon verlangen. Reisen ist seit langem Statussymbol, sozialer Wettbewerb und Vehikel der Selbstdarstellung. »Wie, da wart Ihr noch nicht?« Daher der eigene Drang, die unberührteren Inseln, die cooleren Clubs, die interessanteren Museen und die steileren Berge besucht zu haben als die Freunde und Kolle-

19 Sontag, »Unguided Tour«, S. 34.

gen. Und ihnen das auch mitzuteilen – früher per Ansichtskarte, heute mit dem Smartphone.

»Das letzte Mal gab es hier nicht so viele Autos, oder?«[20]

Wenn Reisen wirklich zufrieden machen würde, müsste man nicht soviel davon berichten. Deswegen die Rankings. Jeder Tourist ist der festen Überzeugung, dass er selbst weniger Tourist ist als jene anderen im Freizeitoutfit, denen er am Ziel seiner Wünsche begegnet. Jeder ist überzeugt, dass er im Urlaub Besseres und Echteres sehen wird als all die peinlichen eigenen Landsleute in zu bunten Hemden und mit zu lautem Dialekt, die mit einem im Bus zum Flughafen sitzen und die man nach der Ankunft gar nicht schnell genug hinter sich lassen kann. Bis man bei Ungeplantem – das kaputte Mietauto, die verlorene Brieftasche – plötzlich sehr froh ist, ihnen wieder zu begegnen.

Gleichzeitig ist nichts so anziehend für Besucher wie andere Besucher. Marco d'Eramo hat in seinem klugen Buch *Die Welt als Selfie* 2018 dafür ein Beispiel, das deswegen so viel über Entwicklungen in Salzburg, Konstanz, Luzern oder Venedig erklärt, weil es in ei-

20 Sontag, »Unguided Tour«, S. 35.

ner ganz anderen Ecke des Planeten stattgefunden hat. Die Kleinstadt Lijiang in der chinesischen Provinz Yunnan wurde 1997 von der UNESCO zum Weltkulturerbe erklärt. Im Jahr zuvor war sie von einem Erdbeben zerstört worden, und gleichzeitig mit dem Wiederaufbau setzte eine rasante touristische Entwicklung ein. Bereits ein Jahr später, 1998, wurde die wiederaufgebaute Altstadt von 1,7 Millionen Menschen besucht; 2013 waren es 20,8 Millionen. Die Altstadt von Lijiang sei so populär, schreibt ein aktueller Reiseführer dazu todernst, dass sie von Jahr zu Jahr größer werde, um noch mehr Besucher aufnehmen zu können.[21]

Viele Touristen ziehen noch mehr Touristen an, und das echte Alte vermehrt sich dadurch, dass es touristisch genutzt wird. Die von der UNESCO ausgewählten authentischen Stätten des Weltkulturerbes verwandeln sich so rasant in Touristenattraktionen, dass die UNESCO 2008 von der World Tourism Organisation den Preis zur Förderung des Tourismus erhielt. Das echte Alte auszuzeichnen bedeutet in der Praxis, ihm endgültig den Garaus zu machen. Oder genauer, es durch ein touristisches Remake seiner selbst zu ersetzen.

Genau das tun erfolgreiche Fremdenverkehrsorte. Und nicht versteckt, sondern ganz demonstrativ.

21 Marco d'Eramo, *Die Welt als Selfie*, Frankfurt a. M. 2018, S. 133–140.

Südindien, Varkala: Der Hippie-Ort aus den 1970ern hat sich vierzig Jahre später in seine eigene ironische Retro-Version verwandelt, mit vielen Läden, in denen man das Outfit der Gegenkultur von vor 50 Jahren kaufen kann, und einem Café, das »Maya Gardens« heißt – »maya« heißt Vorspiegelung, Illusion. Der Hinduismus hat ein positives und verspieltes Verhältnis zur Illusion. Der Tourismus auch. In den Cafés von Varkala stehen viele *smoothies* auf der Karte, unter anderem einer, der »Kardamom Karma« heißt. Mit pürierten Datteln, Kardamom, Kokos und ganz viel Vanilleeis. Susan Sontag, 1977: »Ich war schon überall. Ich war noch nicht überall, aber Überall steht auf meiner Erledigungsliste.«[22]

Wie viel Schmutz vertragen die eigenen Wünsche? Die Verbindung von Dreck und Tourismus, wie bei meinem kleinen Gedankenexperiment am Beginn dieses Kapitels, ist immer eine Kampfansage. Wer so spricht, will die Wahrheit verkünden über die unaufhaltsam wachsende milliardenschwere Branche des schönen Scheins. Ich habe große Sympathien für diese Position, aber in wen verwandelt man sich, indem man so spricht? Es ist ziemlich einfach, sich über Gruppenreisende lustig zu machen und ihre Branche – Charterflüge, Reisebusse, Pauschalurlaube – mit Schmutz und bedrohlichem Klimawandel zu verbinden. Bei den

22 Sontag, »Unguided Tour«, S. 39.

eigenen Urlaubsplänen wird das schon komplizierter. Wenn es um Schmutz geht, ist es vorbei mit der Ironie. »Ferien ohne Reue« war der Aufmacher einer großen deutschen Wochenzeitung am Beginn der deutschen Sommerferien am 20. Juni 2019. Wo man noch hinfahren könne in Zeiten des Klimawandels, und dort endlich entspannen. Und genießen. Die linke Berliner *tageszeitung* vom selben Morgen, Artikelüberschrift: »Heuchler auf Reisen. Alle fordern Klimaschutz. Bis die großen Ferien beginnen. Dann steigt Deutschland zielsicher in die dreckigsten Verkehrsmittel.«

Dann kam im Frühjahr 2020 das neue Virus nach Europa, alle Grenzen, Hotels und Flughäfen wurden geschlossen, und plötzlich sahen der Übertourismus und die Kampagnen für den Stopp des Klimawandels aus wie die Sorgen einer ahnungslosen guten alten Zeit. Die Ankunftshallen, Abflughallen, Handgepäckkontrollen und Duty Free-Läden in den Flughäfen, menschenleer und plötzlich viel größer, als man sie in Erinnerung hatte, bekamen einen spröden melancholischen Reiz. Wie Monumente von etwas, historische Überreste – wovon genau? Bis sie wieder eröffnet werden. Und alle froh sind, wieder schnell auf ein Wochenende in die schmucke Stadt fliegen zu können, in die Sonne, in den Schnee: in die Art von Spaß, den man nur anderswo haben kann. Ist er immer noch derselbe Spaß?

Der Verweis auf Dreck als Teil touristischer Wirklichkeit ist so wirkungsvoll, weil er auf ein Grundprinzip der Selbstdarstellung der Branche aufmerksam macht. Wenn der Betrieb so verlogen, zerstörerisch und oberflächlich ist, wieso wünschen sich alle immer noch mehr davon, und zwar gleich in den nächsten Ferien? Gegen Enttäuschungen im Urlaub helfen nur noch weitere, exotischere, intensivere Reisen. Tourismus ist eine jener Industrien, die ihren Kunden ununterbrochen versprechen, sie vor ihrem eigenen Erfolg in Schutz zu nehmen. (Die Autoindustrie muss das auch.)

Nur Reisen – noch weiter weg, an noch entlegenere Destinationen – rettet Dich vor den anderen Reisenden, das ist die Botschaft. Deswegen lag im Februar 2020 in Outdoor- und Reisebuchläden ein schön gemachter Bildband zum Verkauf aus, der *Remote Places To Stay* heißt: Dort gäbe es das Echte eben noch. »Magische, abgeschiedene Orte rund um die Welt«, also hinfahren. Der Reiseteil der *Neuen Zürcher Zeitung*, September 2019: »Das Land der Leere. Patagonien ist weit und einsam – eine Wohltat für Auge und Geist. 5000 Kilometer Roadtrip bis ans Ende der Welt, auf der Suche nach Ruhe.« Mit dem Auto, versteht sich. Im selben August 2019 veröffentlichte das Schweizer Wirtschaftsmagazin *Bilanz* eine Liste der zehn besten

Hotels weltweit. »Zum neuen Tourismusverständnis«, wurde dazu erklärt, »gehören intelligenter Luxus und Nachhaltigkeit.« Auf dem ersten Platz des Rankings stand ein Hotel auf den Malediven; besonders lobend erwähnt wurde eine Bio-Farm in Südafrika, Platz 9: »Das ultimative Anti-Hotel für Fortgeschrittene, die Privatsphäre und entspannten Luxus suchen. Hier finden sie statt überkandideltem Tamtam authentisches Landleben.«

An dieses authentische Landleben am anderen Ende der Welt muss man ebenso glauben wie an das Wandern auf den Pfaden der unberührten Kykladeninsel, von der man im Reiseteil einer großen Tageszeitung lesen konnte. Urlaub ist nicht nur Kinderland, sondern gleichzeitig auch Märchenstunde für Erwachsene. Erfolgreiche Tourismuskonzepte setzen deswegen ungehemmt auf Infantilisierung, von den Souvenirshops bis zum Gummibärchen auf Hotelkopfkissen. Ich glaube an die Wunscherfüllung im Urlaub auf ziemlich ähnliche Art und Weise, wie ich an das Christkind, den Weihnachtsmann und den Osterhasen glaube. Wie beim Christkind und dem Osterhasen geht es im Tourismus um Wiederholbarkeit: die unberührten sauberen Berge, die urigen Einwohner, die traditionellen Traditionen usw. Man kann nicht nur, man muss sie wiederholen: Tourismus benutzt ein überschaubares Set einiger weniger Bilder, die dafür dauernd repetiert werden. Seit den 1850er Jahren verspricht die Dienstleistungsindustrie Tourismus ihren Kunden, dass es nur um deren eigene, persönliche Erlebnisse gehe, um ihre individuellen Eindrücke und Gefühle. Die Erzeugung persönlicher Emotionen nach vorgefertigten Vorbildern im industriellen Maßstab – zuerst für hunderttausende, dann für Millionen, heute für 1,5 Milliarden Kunden – ist das, was den Fremdenverkehr ausmacht.

Fremdenverkehr muss sich deswegen wie das genaue Gegenteil von Arbeit anfühlen. Mir und allen meinen Mitreisenden muss ununterbrochen versichert werden, dass all die Hotels, Berge, Strände, Sehenswürdigkeiten nur für mein persönliches Vergnügen da sind. Das ist ziemlich viel Arbeit. Um Erholung als Paradies der Anti-Arbeit zu organisieren, braucht es viele Millionen Putzfrauen, Kellner, Busfahrer, Köche, Zimmermädchen. Sie müssen dabei diskret im Hintergrund bleiben. Tourismus ist eine rosa Fabrik mit großteils unsichtbarem Personal, das nach der Saison nach Hause geschickt wird. Die Arbeitsplätze, die der Fremdenverkehr erzeugt, sind bis heute zum größten Teil prekär, saisonal und schlecht bezahlt. Der Schweizer Tourismus zum Beispiel behauptet von sich selber, dass er traditionell sei, ortsverbunden, verwurzelt, Teil der Schweizer Identität und wie die hübschen Kaugummiwörter alle heißen. Aber ohne das Personal aus Portugal, Italien, Serbien und Sri Lanka würde die ganze Branche binnen 24 Stunden zusammenbrechen. Habe ich auf irgendeiner Website der schweizerischen Tourismusbehörde (oder der italienischen, spanischen, österreichischen, egal) schon einmal eine Putzfrau gesehen?

Die Deutschen und die Schweizer selbst sind davon überzeugt, dass sie ihn sich redlich verdient haben, ihren Urlaub. Weil sie selber so viel schaffen. Nur ist das ein Irrtum, zeigen die einschlägigen Statistiken. Diejenigen Länder, die in Europa die meisten Touristen stellen, sind diejenigen, in denen statistisch gesehen am wenigsten gearbeitet wird. Vor 60 Jahren hatten Arbeitnehmer in Deutschland und der Schweiz 14 arbeitsfreie Tage pro Jahr. 2018 waren es mehr als doppelt so viel, 34 Tage pro Jahr, bei den über 50-Jährigen 39 Tage. Die tatsächliche Wochenarbeitszeit pro Jahr ist in Griechenland, Spanien und Italien – klassischen Touristendestinationen – deutlich länger als in Deutschland und der Schweiz, sagt die aktuelle Statistik der EU.[23] Die Arbeitnehmer dort haben sehr viel weniger Ferien und verdienen im Schnitt auch sehr viel weniger – und bei überseeischen Destinationen wie Thailand oder Sri Lanka ist das Verhältnis noch extremer. Wer im Urlaub wohin fahren kann, ist nicht unbedingt eine Frage individueller Wünsche. Sondern eine der ökonomischen Unterschiede.

23 Thomas Fuster, »Die Schweiz ist nur vordergründig ein arbeitsames Land«, in: *Neue Zürcher Zeitung*, 24. Mai 2019, S. 25.

Deswegen fährt der reiche Norden in den Süden, um dort Ferien zu machen – beziehungsweise gemacht zu kriegen. Alles eine Frage der Reisekasse. Quer durch alle Altersgruppen und Nationalitäten vermittelt Reisen erst einmal, dass man selbst erfolgreich und wohlhabend sei. Das geht dann am besten, wenn die Leute, die am Touristenziel wohnen, sehr viel niedrigere Löhne erhalten als man selbst; ein Viertel vielleicht, ein Zehntel ist noch besser. Es fühlt sich dort dann alles sofort sehr viel echter an.

Deswegen gibt es natürlich kein Entkommen im Urlaub. Ich lande in meinem eigenen sozialen Milieu. Nicht gleich von Beginn an, aber spätestens nach ein paar Such- und Wiederholungsschleifen findet eine ziemlich präzise Sortierung der Touristen nach Herkunft, Bildung und Einkommen statt. Das ist die erste Lektion in den Ferien: Im Namen der Freiheit begebe ich mich an meinen Platz in der sozialen Hierarchie.

Die zweite ist ein bisschen beunruhigender. So sehr ich mir das auch gewünscht habe, was ich dann in den Ferien bekomme; so intensiv die neuen Genüsse sind, die Natur, das Essen, das Wetter, und jeden Tag werde ich zwei Stunden großartig massiert: Es kommt mir nur in den ersten 72 Stunden unglaublich gut vor. Nach zehn Tagen habe ich mich daran gewöhnt – auf dieselbe Art und Weise, wie man sich an anstrengende Fahrradtouren gewöhnt oder an ein ungeheiztes Zen-Kloster. Ich bin am Ziel meiner

Wünsche angekommen, aber die Intensität – das Genießen – kann nicht festgehalten werden. Wird deshalb so viel und so ausdauernd gejammert in der Belohnungszone, auch ohne dass jemand mit Dreck beworfen wird?

3 Wunderwaffe Bildermachen

Eine Touristin, ein Tourist, habe ich zu Beginn geschrieben, ist eine Person, die auf eine bestimmte Weise schaut. Sie ist nicht gekommen, um Geld zu verdienen oder Information einzuholen. Ihre Informationen hat sie schon mitgebracht, deswegen ist sie ja da. Sie ist angezogen von den Bildern vom Sehenswürdigen, und macht selbst neue Bilder davon. Tourismus, so gesehen, ist ein spezifischer Blick. Der britische Soziologe John Urry war der erste, der diese Gleichung aufgemacht hat, 1990 in seinem Buch *The Tourist Gaze*. Es ist schnell ein Klassiker geworden, 2005 neu aufgelegt. 2011 hat der Autor es zusammen mit einem jungen Kollegen komplett neu überarbeitet: *The Tourist Gaze* 3.0 heißt es seither.

Es war auch ein bisschen viel passiert in diesen 21 Jahren in Bezug auf Reisen und Bildermachen, und vielleicht wollte John Urry auch nicht, dass dem Buch dasselbe passierte wie seinem ersten. Das war 1987 erschienen und hieß *The End of Organized Capitalism*. Der organisierte Kapitalismus war dann doch nicht am Ende, wie sich seither herausgestellt hat. Und der touristische Blick schon gar nicht. Als Urrys *The Tourist Gaze* erschien, zählte die dafür zuständige Unterorganisation der UNO, die World Tourism Organisation, etwas unter 500 Millionen »tourist arrivals«

weltweit. Ihre Bilder machten diese Reisenden noch mit analogen Fotoapparaten. In der überarbeiteten dritten Auflage von *Tourist Gaze* war dann bereits ausführlich von Smartphones und den sozialen Medien die Rede. Gegenüber 1990 hatte sich die Anzahl der weltweiten Vergnügungsreisen 2011 verdoppelt und betrug erstmals über eine Milliarde.

Während ich das schreibe, ist diese Zahl selbst wieder historisch geworden. 2019 lag sie bei geschätzten 1,5 Milliarden jährlichen »tourist arrivals«. Bildermachen und Tourismus, schrieben Urry und sein Co-Autor Jonas Larsen 2011, seien zur selbstbeschleunigenden Endlosschleife geworden. Touristen besuchten diejenigen Orte, die ihnen vorher durch Bilder als besonders sehenswert, zeichenhaft, ästhetisch anziehend vermittelt worden seien. Die Bilder zeigten nicht einfach nur das Sehenswerte und Schöne, sondern wurden zu Verpflichtungen: Während die Orte dafür berühmt seien, dass sie berühmt seien, müssten die Fotos ihrer Besucher selbst ihre Gemeinschaft, ihr Vergnügen und ihre Intimität vor Ort erzeugen und vorzeigen. Sie sind Bildbeweise dafür, wie das gute Leben im schönen Anderswo aussieht, für den Blick der anderen.[24]

Ferienfotos sind interessant, einfach weil es so

24 John Urry und John Larsen, *The Tourist Gaze* 3.0, Los Angeles 2011, S. 171, 178 ff., 213.

viele von ihnen gibt. Sie zeigen, dass Ferien als die angebliche Auszeit, das Überschreiten der Grenzen, die große Freiheit und das Vergnügen im Anderswo festen Regeln unterliegt. Deswegen lächeln wir (und alle anderen Reisenden) auf unseren Ferienfotos. Deswegen stehen wir eng zusammen, damit das Wahrzeichen noch in den Hintergrund passt. Deswegen zeigen wir dem Fotografen und unseren Reisegefährten unsere gute Laune, unser strahlendes Gesicht, unser Lächeln. Wir haben Partygesichter, Beerdigungsgesichter und Verantwortungsgesichter. Und wir haben Feriengesichter: Von denen wissen wir, wie sie aussehen sollen, und wir wollen, dass alle sie an uns sehen.

Ferienfotos zeigen deshalb nicht einfach Landschaften, Sehenswürdigkeiten, Monumente, Berge, Strände, jeweils mit oder ohne uns und unsere Mitreisenden, je nach Laune. Sie sind banal, aber alles andere als eine Privatangelegenheit. Der Blick des Touristen sieht harmlos aus, zerstreut und irgendwie unaufmerksam. Generationen von Tourismuskritikern haben den Besuchern von Sehenswürdigkeiten aller Art bescheinigt, begriffsstutzige Simpel zu sein, die gar nicht wüssten, was sie da vor Augen hätten. »Wie wenig weiß der Tourist mit sich anzufangen!« wusste Hans Blumenberg unter seinem Pseudonym Axel Colly 1955 in der *Süddeutschen Zeitung*. »Nichts von freudiger Überraschung vor dem Unvermute-

Abb. 2: Das Plakat für das Reisebüro verdoppelt das Urlaubsselfie: Werbung für das Reisebüro Coop, Schweiz 2017

tem, Bestürzendem; mit geschultem Blick wird die wirksamste Einstellung, der Standard-Eindruck, zum vieltausendsten Mal auf dem Rollfilm vereinnahmt.« Auf derselben Frontseite des Feuilletons hatte die Redaktion passenderweise »Melancholie« von Gottfried Benn abgedruckt: »Du mußt aus Deiner Gegend alles holen / denn auch vom Reisen kommst Du leer zurück.«[25] Eine sanftere zeitgenössische Version davon hat der polnische Schriftsteller Andrzej Stasiuk 2007 formuliert. »Überall trippelten Schaulustige aus aller

25 Axel Colly, »Durch die präparierte Welt. Bilanz einer Reise-Saison«, in: *Süddeutsche Zeitung*, 3./4. September 1955. Danke für diesen Hinweis an Alexander Schmitz.

Welt und knipsten. Sie schossen Fotos und schickten sie sofort in alle vier Enden der Welt. Das hatte etwas hoffnungslos Trauriges. Jedes Ding begann erst richtig zu existieren, nachdem es geknipst worden war.«[26] Ich mag Stasiuks Bücher, aber bin mir nicht so sicher, ob das »hoffnungslos traurig« ist. Mir scheint der touristische Blick auch weder flüchtig noch beliebig, im Gegenteil. Er kann zwingen und bannen. Er ist machtvoll und verändert das, was er in den Blick nimmt, wie es im Deutschen so schön heißt.

Und das liegt am Reisen als Paradox. Es verheißt gleichzeitig Freiheit von allen Bindungen und die Erfüllung kollektiver Wünsche, ist Entkommen und Kontrolle zugleich. Ich wähle die Destination (im Rahmen meiner ökonomischen Möglichkeiten); die Transportmittel (wenn ich die Tickets bezahlen kann); die Begleitung (Geliebte, Verwandte, Freunde). Auch das wusste Blumenberg schon. »An Stelle der Vorsehung haben wir heutzutage das Reisebüro«, lautete 1955 der erste Satz seiner melancholischen Betrachtung. Oder war das ironisch gemeint? Ziemlich vieles kann sich der Reisende eben nicht aussuchen, so sorgfältig er auch plant. Das Wetter zum Beispiel, die anderen Mitreisenden; und erst recht nicht die Bewohner der unbekannten Territorien, in die er sich aufmacht. Zum Glück gibt es ein Medium, das mich fast allmächtig

26 Andrzej Stasiuk, *Dojczland*, Frankfurt a. M. 2007, S. 45.

werden lässt, wenn ich als Tourist unterwegs bin: das Bildermachen.

Die Häute des Schönen

Ein gebildeter Reisender des 18. Jahrhunderts wie Johann Wolfgang Goethe hatte nach seinem Besuch in der Sixtinischen Kapelle 1786 mit Bedauern notiert, dass Reproduktionen in Kupferstichen nur einen unvollständigen Eindruck vom Original geben. »Wäre nur ein Mittel, solche Bilder in der Seele recht zu fixieren!«[27] Ein halbes Jahrhundert später war sie dann da, die Technologie zum Festhalten der starken Eindrücke auf Reisen. Fotografie ist seither ein Instrument zur Zurichtung der Welt im Modus der Nachträglichkeit: So wird es gewesen sein. Die sorgfältig zusammengestellten Alben, die seit der Mitte des 19. Jahrhunderts die Aufenthalte anderswo festhalten und wieder sichtbar machen sollten, wollten natürlich das sehenswerte und außerordentliche Fremde präsentieren. In ihren Bildern vermitteln sie heute eine Fülle von Informationen über die Menschen, Orte und Landschaften im pittoresken Anderswo, die auf ihnen zu sehen sind. Noch eingehender geben sie

27 Zitiert nach Ulrich Pfisterer, *Die Sixtinische Kapelle*, München 2013, S. 118.

allerdings über diejenigen Auskunft, die sie angefertigt haben – über ihre Wünsche und Obsessionen.[28]

Denn jeder Fotoapparat ist eine Stopp-Maschine. Mit ihm kann sein Benutzer die sichtbare Welt erstarren lassen, wenigstens auf der Oberfläche des lichtempfindlichen Materials, das sich im Inneren des Apparats befindet. Der Fotograf und Autor Stephen Shore hat dafür eine schöne Formel gefunden: »Die Welt fließt in die Zeit.«[29] Dieser Traum vom Stillstellen und Festhalten der bewegten Welt – oder doch wenigstens kleiner Ausschnitte davon – war von Beginn an ein unverzichtbarer Teil der Mythologie der fotografischen Technik und ihrer Selbstdarstellung als »a piece of natural magick«, wie einer ihrer Erfinder, Henry Fox Talbot, 1840 geschrieben hat. Fotografie ist jene Technik der Vervielfältigung, die erst einmal von sich selber behauptet hat, dass sie gar keine sei: Schließlich nehme in dem neuen Verfahren, so hat es Talbot formuliert, nur die Natur persönlich ihren Zeichenstift in die Hand. Die neuen Daguerreotypien, schwärmte

28 Ellen Maas, *Das Photoalbum 1858–1918*, München 1975; Cord Pagenstecher, »Private Fotoalben als historische Quelle«, in: *Zeithistorische Forschungen* 6 (2009), S. 449–463; Matthias Bickenbach, »Das Dispositiv des Fotoalbums. Mutationen kultureller Erinnerungen«, in: Jürgen Fohrmann u. a. (Hg.), *Medien der Präsenz. Museum, Bildung und Wissenschaft im 19. Jh.*, Köln 2001, S. 87–128; Nora Mathys, *Fotofreundschaften. Visualisierungen von Nähe und Gemeinschaft in privaten Fotoalben aus der Schweiz 1900–1950*, Baden 2013.
29 Stephen Shore, *Das Wesen der Fotografie*, Berlin 2009, S. 70.

1839 ein Zeitungsartikel in der Zeitschrift *Hamburger Correspondent*, seien »die Natur *und* der Gegenstand selbst« – nur eben praktischerweise stillgestellt.[30] Damit wir sie in aller Ruhe betrachten können.

Die meisten frühen Fotografien erscheinen uns heute blass, fleckig und eher unvollkommen. Zeitgenössische Betrachter haben sie allerdings als perfekte Erinnerungsmaschinen beschrieben, als »Spiegel mit einem Gedächtnis« – der eigenen sinnlichen Wahrnehmung ebenbürtig, wenn nicht sogar überlegen. Der Mediziner und Fotoenthusiast Oliver Wendell Holmes pries 1859 in einem Text die stereoskopische Fotografie als die Möglichkeit eines materiell unbegrenzten Zugriffs auf das Schöne schlechthin. »Jedes vorstellbare Objekt der Natur und der Kunst wird schon bald seine Oberfläche für uns abschälen. Die Menschen werden alle seltsamen, schönen und großartigen Objekte um ihrer Häute willen jagen, wie die Rinder in Südamerika, und die Kadaver liegen lassen, weil sie ihnen nur von geringem Wert sind.« Derselbe Autor war auch davon überzeugt, dass man die alten Monumente der Vergangenheit von nun an in Ruhe abreißen könne – »oder verbrennen«. Denn statt sie auf mühsamen und kostspieligen Reisen zu besichtigen, könne man jetzt

30 Timm Starl, »Reisen«, in: Ders., *Kritik der Fotografie*, Marburg/Lahn 2012, S. 239–250; Zitate nach Bernd Stiegler, *Theoriegeschichte der Fotografie*, München 2006, S. 18.

ihre fotografischen Reproduktionen erforschen: Die Sehenswürdigkeiten kämen als Bilder zu einem.[31]

Fotografieren als Jagen, Häuten und Erlaubnis zum Abfackeln ist ein bisschen drastisch. Häufiger sind Erzählungen, die das Bewahren bedrohter Zeugen der Vergangenheit durch die neue Technologie hervorheben. Die staatliche französische Kommission zur Erhaltung historischer Monumente beauftragte 1851 fünf Fotografen mit der Erfassung vom Zerfall bedrohter historischer Bauten, die »Mission héliographique«.[32] Fotografie als Technik zum imaginären Anhalten der Zeit war mit den großen Mobilisierungsschüben des 19. und frühen 20. Jahrhunderts, den Dampfschiffen, Eisenbahnen und Automobilen nicht nur chronologisch eng verbunden. Das vergängliche, weil nur für kurze Zeitspanne verfügbare Schöne sollte festgehalten werden: jenes Wunsch-Bild, dem der Blick der Reisenden galt. Der schottische Fotograf George Washington Wilson beschrieb 1864 im *British Journal of Photography*, was für ihn eine solche gelungene Aufnahme ausmache. Erstens

31 Oliver Wendell Holmes, *Spiegel mit einem Gedächtnis. Schriften zur Fotografie*, hg. von Michael Frank und Bernd Stiegler, München 2010, S. 30 f.; Bernd Stiegler, *Reisender Stillstand. Eine kleine Geschichte der Reisen im und um das Zimmer herum*, Frankfurt a. M. 2010, S. 122.

32 Groebner, *Retroland*, S. 64–74; Sarah Kennel (Hg.), *Charles Marville. Photographer of Paris*, Chicago 2013.

ein einfacher Standpunkt, »den jeder Reisende selbst leicht finden würde«. Zweitens ein Fluchtpunkt, zu dem das Auge durch einen dunklen Vordergrund und subtile Lichtabstufungen wie von selbst hingeführt würde. Und drittens schließlich eine harmonische Verteilung der einzelnen Bildpartien in einer Gesamtkomposition, »die beim Betrachter keine ungestillte Neugierde mehr zurücklässt«.[33] Beim Reisen glauben die Macher an die Macht der Bilder. Diese Macht besteht darin, alle ihre Wünsche nach der starken dauernden Präsenz des Besuchten zu erfüllen. Die »gestillte Neugierde«, wie George Washington Wilson es ausdrückte, sollte weiterhin visuell verfügbar bleiben.

Verwandeln durch Fotografieren

Was die Reisefotos des 19. und 20. Jahrhundert aber vielleicht am deutlichsten zeigen, sind die Wünsche ihrer Macher, sich auf und durch Reisen zu verändern. Das eigentliche Objekt dieser Bildersammlungen sind diejenigen, die sie angelegt haben. Diese Reisenden waren deswegen nach ihrer Rückkehr, wenn wir den europäischen und nordamerikanischen

33 Zitiert nach Françoise Heilbrun, »Die Reise um die Welt. Forscher und Touristen«, in: Michel Frizot (Hg.), *Neue Geschichte der Fotografie*, Köln 1998, S. 148–160, hier S. 156.

Bildern aus tropischen Ländern glauben dürfen, weißer als zuvor. Sie werden es durch die sorgfältig inszenierten Kontraste mit den dunklen Hautfarben ihrer Begleiter, die sich auf den Fotos nicht zufällig immer dicht neben sie stellen müssen – von den europäischen Aufnahmen aus den Kolonialgebieten der 1880er Jahre bis zu den Smartphone-Selfies aus den tropischen Stränden des 21. Jahrhunderts. Schau, wie unterschiedlich wir sind!

Das Weiß der europäischen Kostüme vor dem Ersten Weltkrieg, vom korrekten Herrenhemd und Damenkleid bis zum Tropenanzug, war nicht nur eine Farbe. »Das Weiß signalisierte Klassenzugehörigkeit«, schreibt Maria Stepanova in *Nach dem Gedächtnis*, ihrer großartigen literarischen Erkundung alter Fotoalben. »Es ist die Farbe des Wohlstands, der knisternden gestärkten Wäsche und der unbegrenzten Muße.«[34] Das Weiß auf den Aufnahmen der Jahrhundertwende visualisierte soziale Abstände; und wenig zeigen die Aufnahmen von 1880, 1900, 1910 so unverhohlen wie die Lust, mit der dieses Weiß in immer wieder neuen Variationen mit der Abbildung der nackten Haut der jeweils Anderen kombiniert und kontrastiert wird – der Haut der Armen, der Landarbeiter, der Eingeborenen, der Subjekte des touristischen Blicks.

34 Maria Stepanova, *Nach dem Gedächtnis*, Frankfurt a. M. 2018, S. 61.

Abb. 3: Wodurch wird das Weiße an den Weißen weiß? Britische Reisende im Himalaya-Vorland. Unbekannter Fotograf, 1912

Wie die weiße Wäsche der nackten (dunklen) Haut, so stellten Reisefotografien des 19. und frühen 20. Jahrhunderts aus Asien, Afrika und den Amerikas auch das koloniale europäisch-technische Neue dem vermeintlich »eingeborenen« Zeitlos-Alten in direktem Kontrast gegenüber. Die Reisenden wurden durch ihr Erscheinen auf den Bildern zivilisierter. Ihre Fotoalben dokumentieren das Behagen am Abbilden des vermeintlich Wilden. Und dieses Ungezähmte in all seinen verschiedenen Erscheinungsformen hielt in den Jahrzehnten langer Belichtungszeiten auf wundersame Weise stets lang genug still, um auf ordentliche Bilder gebannt werden zu können.

Fotografieren im exotischen Anderswo war (und ist) deswegen auch eine Erlaubnis zum unverwandten lustvollen Blick auf Gegenstände, die im jeweiligen Heimatland undarstellbar oder in den entsprechenden Kombinationen als skandalös empfunden worden wären. Ein Zürcher Professor für Volkskunde fotografierte 1905 in Indien Leichen auf Scheiterhaufen in detaillierter Nahaufnahme.[35] Ein deutscher Oberleutnant zur See kombinierte in seinen Reisealben aus China und Japan 1901 die Speisekarte auf seinem Überseedampfer – zum Frühstück gab es unter anderem »Rindszunge in Madeira«, »Frische Sülze« und »Rühreier mit Kalbshirn« – mit der Aufnahme eines nackten toten Eingeborenen, um den sich bereits geduldig die Aasgeier sammeln.[36] Beide meinten das nicht als antikoloniale Kritik. Eher werden hier die unfreiwilligen Seiten der Selbstermächtigung durch Fotografieren sichtbar. Bildermachen ist Jagen nach der Intensität des Anderswo; und im Resultat kommt es der Wortwahl von Oliver Wendell Holmes vom Erlegen und Häuten von 1859 erstaunlich nahe.

Denn der Reisende, so verspricht schließlich jedes Reisefoto, wird durch die Reise auf magische Weise

35 Sammlung Ruth und Peter Herzog, Basel, A 0478.
36 Ebd., A 0532, p. 14 und p. 48.

nicht nur weißer und zivilisierter, sondern auch jünger und moderner sein als zuvor. Das Bereiste, das er abbildet, kann sich deswegen nirgendwo anders befinden als in der Vergangenheit – der geträumten, aber vorzeigbaren pittoresken Vergangenheit der Anderen. Die vielen tausend Bilder, die zum Beispiel europäische Fotografen wie Emile Béchard, Félix Bonfils und Otto Schoefft im letzten Drittel des 19. Jahrhunderts in Ägypten angefertigt und verkauft haben, zeigten jene mittelalterlichen Straßen, angeblich traditionellen Berufe und vor allem die halb oder vollständig unbekleideten orientalischen Frauen, ohne die sich europäische Reisende den Orient einfach nicht vorstellen konnten. Oder wollten. Deren Fotografien erwarben sie deswegen als Touristen dort; ganz unabhängig davon, ob reale Gegenstücke dazu im wirklichen Kairo oder im geträumten lüsternen Orient der Europäer des 19. Jahrhunderts in Marokko, Tunesien oder Istanbul tatsächlich existierten.[37]

37 Aus der mittlerweile sehr umfangreichen Literatur hier nur Ali Behdad und Luke Gartlan (Hg.), *Photography's Orientalism*, Los Angeles 2013, und Felix Thürlemann, *Das Haremsfenster. Zur fotografischen Eroberung Ägyptens im 19. Jahrhundert*, München 2016. Die Nutzung der Technologie durch einheimische Fotografen selbst hat sehr andere Aufnahmen hervorgebracht. Siehe dazu Stephen Sheehi, *The Arab Imago. A Social History of Portrait Photography*, Princeton 2016, und Ali Bahdad, *Camera Orientalis. Reflections on Photography in the Middle East*, Chicago/London 2017.

Abb. 4 und 5: Reisende Frauen, schauende Frauen: Vorproduzierte japanische Souvenirfotos für westliche Reisende aus den 1880er Jahren

Dasselbe boten europäische Fotografen ihren Kunden auch in Yokohama an, dem boomenden Industriehafen des japanischen Kaiserreichs, das ab den 1860er Jahren in eine Periode dramatischer politischer, ökonomischer und sozialen Veränderungen eingetreten war. Auf den großformatigen schönen Bildern, die in den Fotoateliers für die frühen Reisenden angefertigt wurden, waren aber nicht die Textilfabriken, Eisengießereien und modernen Industrieanlagen zu sehen, die Alltag und Wirtschaft der Stadt bestimmten, sondern jahrhundertealte buddhistische Tempel und

idyllische Landschaften. Besonders beliebt waren Aufnahmen von sorgfältig geschminkten Geishas nach den Vorbildern alter Farbholzschnitte, Bilder von alten Handwerksberufen und vor allem von den an ihren Tonsuren, Schwertern und Rüstungen kenntlichen Samurais, ohne die sich kein westlicher Reisender Japan vorstellen mochte – auch wenn das Tragen dieser Accessoires 1868 durch den Meiji-Kaiser verboten worden war. Die pittoreske mittelalterliche Vergangenheit, die durch die Fotografien der 1870er Jahre erzeugt wurde, war umso anschaulicher, als die sorgfältig kolorierten Aufnahmen in den prächtigen Fotoalben sehr kostspielig waren. Der Preis eines solchen großformatigen Albums entsprach dem Gegenwert von einem gut einmonatigen Aufenthalt für einen Ausländer in Yokohama.[38] Fotografieren, konstatiert Maria Stepanova sachlich, ziele überhaupt nicht auf den Erhalt alles Bestehenden. »Es folgt eher der Logik, nach der man eine Sendung an die Nachwelt oder an Außerirdische zusammenstellt.«[39]

38 Claudia Delank, »Samurai, Geishas und der große Buddha. Japan in der Fotografie 1860–1900«, in: Bodo von Dewitz und Roland Scoti (Hg.), *Alles Wahrheit! Alles Lüge! Photographie und Wirklichkeit im 19. Jahrhundert: Die Sammlung Robert Lebeck*, Ausstellungskatalog Köln 1996, S. 281–321; Luke Gartlan, *A Career of Japan*, Chicago 2016, S. 31–71.
39 Stepanova, *Nach dem Gedächtnis*, S. 70, 72, 137.

In den Reisefotos des 19. wie des 21. Jahrhunderts ist dieser Überschuss an Details von Berührungsmagie manchmal schwer zu trennen: »All das war dort gegenwärtig um mich«, lautet das implizite Motto dieser Sammlungen. Wenn man sehr viele von ihnen anschaut, beginnen sich die Reisebilder irgendwann zu ähneln. Sie wiederholen immer dieselben Motive: Bergtouren und Autoreisen, Seen und Luxushotels, indische Schlangenbeschwörer und italienische Städte, griechische und chinesische Tempel. Seit 150 Jahren machen alle, die es sich leisten können, ununterbrochen Fotos, um die Zeit und die sich ununterbrochen bewegenden, verändernden Körper festzuhalten. Die Stopp-Maschine Fotografie ist in diesen eineinhalb Jahrhunderten zum selbstverständlichen Teil jedes touristischen Versprechens geworden: Man erwartet ein Szenario, in das man eintreten kann und es fotografieren, mit sich und seinen Liebsten darauf.

Der Wunsch nach dem unbedingten Festhalten des Schönen und verlockendem Fremden kann sich allerdings auch in einen untoten Dämon verwandeln, der Menschen unter die Haut kriecht und sich in ihnen einnistet.[40] In dem Roman *Der Schuss des Jägers* hat der spanische Schriftsteller Rafael Chirbes sei-

40 Stepanova, *Nach dem Gedächtnis*, S. 250.

nen alternden Helden angesichts seiner alten Fotos überlegen lassen, dass er innerhalb und außerhalb der Schubladen lebe, in denen sie aufbewahrt seien. Aber das Leben da draußen sei »prekärer als in ihrem Inneren. Zuweilen, wenn ich all diese Fotografien anschaue, kommt mir der Gedanke, dass sie darauf warten, dass unsere Bewegungen aufhören, damit sie als einzige Wahrheit übrigbleiben.«[41]

Woher kommt dann der Zauber, der trotz alledem in den alten Fotografien und ihren Details steckt? Die intensive leuchtende Schönheit, die manche von ihnen ausstrahlen, und die Idylle, von der sie künden, wird am stärksten dort empfunden, wo sie endgültig unzugänglich geworden ist, im Hinterher. Die Wirkung alter Reisefotografien beruht darauf, dass diese Orte des Schönen für uns als Betrachter nur noch durch das Bild erreichbar sind – also gar nicht mehr. »Die Welt«, hat jemand, der es wissen musste – der damals 85jährige Fotograf Alvin Langdon Coburn –, in einem Interview 1965 lakonisch bemerkt, »wird so oder so nie wieder wie früher sein.«[42]

Darum geht es ja im Urlaub: um Zeit. Und die wird vorzugsweise als betätigter Verschluss spürbar:

41 Rafael Chirbes, *Der Schuss des Jägers*, München 1996, S. 72. Siehe dazu Douwe Draaisma, *Halbe Wahrheiten. Vom Eigenleben der Erinnerung*, Berlin 2015.

42 Zitiert nach Bernd Stiegler, »Alvin Langdon Coburn«, S. 24, in: Ders., *Photographische Porträts*, München 2015, S. 11–35.

Klick. Das ist der Grund, warum so viele Menschen seit 150 Jahre auf Reisen rastlos fotografieren. Wir können die allermeisten Dinge um uns herum nicht festhalten, außer eben als *eidola*, Simulakren oder, wie Oliver Wendell Holmes es ausgedrückt hat, abgezogene Häute. Zeitgleich mit der Fotografie beginnt der »Denkmalwahn« in Europa, wie ihn boshafte Zeitgenossen genannt haben: Das nachträgliche Errichten von Monumenten für historische Ereignisse, die vor Ort eben keine Spuren hinterlassen hatten. Beides sind Techniken, die unsichtbare, bedrohlich formlose Vergangenheit nach den eigenen Wünschen zu reorganisieren.

Wie wollen wir also aussehen, wenn alle diese Fotos von uns selber handeln? Wir schauen nie nur einfach ein Ding an, meinen John Urry und Jonas Larsen. Wir schauen vielmehr auf das Verhältnis zwischen dem Betrachteten und uns selbst.[43] »El pasado me acosa con imàgenes« hat José Luis Borges gedichtet: Mit Bildern hetzt mich die Vergangenheit. Die Praktiker aus der Branche gebrauchen andere Vokabeln, aber in der Sache formulieren sie das sehr ähnlich. Ein Reiseleiter, der mehr als zwanzig Jahre für den größten deutschen Anbieter von Bildungsreisen gearbeitet hat und den ich nach dem Verhalten seiner Gruppenreisenden gefragt hatte, wusste es ganz genau. »Die

43 Urry/Larsen, *The Tourist Gaze* 3.0, S. 2.

Leute fangen dann an zu fotografieren, wenn das Anschauen sie überfordert und sie sich etwas nicht vorstellen wollen.« Er ist promovierter Kunsthistoriker, Spezialist für Spanien, am liebsten Spätromanik, aber Touren nach Lateinamerika hat er auch jahrelang gemacht. »Je weiter entfernt das Reiseziel, desto größer ist die Kamera, die sich die Touristen dafür kaufen.« Offenbar müsse da noch mehr hinein als nur Bilddateien. Man kann es auch mit einer anderen Zeile des melancholischen argentinischen Dichters sagen: »Du bist auch das, was Du verloren hast.«[44]

Ferien sind das Versprechen, das eigene echtere Ich wieder zu bekommen, das ursprünglichere, eigentlichere. Aufkleber auf einem Rollkoffer, Juli 2019: »To travel is to live.« Was für eine Art Leben das sein soll, bleibt dabei offen. Die Texte in den Reisebeilagen großer Tageszeitungen jedenfalls ähneln kitschigen Romanen. *Süddeutsche Zeitung*, 18. Juni 2019: »Griechenland wie früher. Die Kykladeninsel Amorgos war immer schon ein Ort für Menschen, die Sinn suchen und Einsamkeit lieben. Weiße Häuser, weite Landschaft. Wandern auf alten Maultierpfaden.«

Weil diese Vergangenheit nicht mehr da ist (deswegen heißt sie ja so), muss sie ununterbrochen neu hergestellt werden, im Retro-Modus in malerischen

44 José Luis Borges, »The Thing I am …«, in: *Historia de la noche* (1977) und *Nubes* 1 (1985), in: Gisbert Haefs (Hg.), *Gedichte*, München 2006, S. 63 und 122.

Städten, auf wilden Bergen oder endlosen Stränden, je nach Geschmack. Retro ist Auswahl: Neuzusammensetzung des Vergangenen durch seine vermeintliche Wiederbelebung. Man füllt eine vorher leere Szenerie – landwirtschaftlich schlecht genutzte Hügel, alte Bausubstanz – mit passenden Mythologien; und das so lange, bis diese Überreste nicht mehr stummes kaltes Zeug im Hintergrund sind, sondern selbst Geschichten zu erzählen beginnen. Die Besucher lassen sich dann ehrfürchtig jene Erzählungen präsentieren, die sie selbst erst an den Ort gebracht haben. Sie fahren auf griechische Inseln oder in vermeintlich unberührte Gebirgstäler auf der Suche nach frischen Versionen ihrer eigenen Geschichte.

Wer also auf die Kykladen oder an die Strände von Goa, Portugal oder Kreta fährt, findet möglicherweise seine Wurzeln, aber auch viele deutsche, französische und schweizerische Rentner, die sich dort in ihre eigenen wilden Hippie-Ich-Zeiten aus den 70ern zurückbegeben, im klimatisierten Campingmobil. Die stimmungsvoll verschlampten Gründerzeitquartiere und die stillen Alleen in Barcelona, Lissabon, Berlin waren in den 1980er, 1990er Jahren das Versprechen auf das richtige, das selbstbestimmte, das ästhetische Leben. Diese Stadtviertel sind auch immer noch da. Nur eben umgebaut zu touristischen Erlebnis- und Konsumzonen für all die Bedürftigen von Anderswo. Berlin ist vermutlich deswegen deutsche Tourismushauptstadt geworden, weil man hier so bequem gleichzeitig in kollektive und individuelle Vergangenheiten reisen kann. Reichstag und Mauer, Brandt und Bowie, Udo und Blixa, und dazu Ich. Vor der authentischen Dönerbude und beim Frühstücken auf der Kastanienallee verschmilzt das »Hier war ich vor 15 (oder 20, 30) Jahren dabei« nahtlos mit »Hier wäre ich damals gerne gewesen«. Die Vergangenheit eigener Wahl ist dann nicht mehr zwei oder fünf Jahrzehnte, sondern nur mehr ein Flugticket und ein Wochenendarrangement weit weg.

Der oben schon zitierte optimistische Amerikaner Wendell Holmes war 1859 davon überzeugt, dass man angesichts der technischen Möglichkeiten der damals brandneuen Stereofotografie von nun an zu Hause bleiben könne. Stattdessen kämen die Sehenswürdigkeiten als Bilder zu den Betrachtern. Im Erscheinungsjahr von John Urrys *The Tourist Gaze* ist angesichts neuer digitaler Kommunikationskanäle diese verwegene Zuversicht ins Mediale wieder aufgeflammt. 1990 verkündeten die österreichischen Künstler Peter Weibel und Edith Decker die »Null-Reise«. »Die Menschen wollen nicht mehr reisen, und wenn sie reisen, wollen sie nichts mehr sehen. Denn die Bilder reisen zu ihnen.«[45]

45 Edith Decker und Peter Weibel (Hg.), *Vom Verschwinden der Ferne. Telekommunikation und Kunst*, Köln 1990, S. 48; vgl. Stiegler, *Reisender Stillstand*, S. 259.

Und zur einen Hälfte stimmt das auch – heute in einem Ausmaß, das man sich vor 30 Jahren, im Zeitalter der 56-kBit-Modems, vermutlich nur mit Mühe vorstellen konnte. Noch nie war es so einfach, sich farbige Fotos von Orten im fernen schönen Anderswo anzusehen – am Computer, mit drei Mausklicks, in praktisch unbegrenzter Anzahl, vom Streamen bewegter Bilder ganz zu schweigen. Aber diese Bilder – und das ist die zweite Hälfte – reichen den Reisenden in ihren jeweiligen Wohnzimmern nicht, da lagen Weibel und Decker falsch. Im Gegenteil: Die mobilisierten Bilder verstärken nur den Drang hinzufahren, hinzufliegen und sich von den Bergen, Palmen, Inseln, Tempeln ein ›eigenes‹ Bild zu machen.

Im Sarkophag

Und da stehe ich dann, zusammen mit den anderen Touristen, am Originalschauplatz. Häufig vor durchsichtigen Glasscheiben. Auf der anderen Seite der Glasscheibe befindet sich das besonders Schöne, die Sehenswürdigkeit, das Objekt meiner Schaulust. Das außergewöhnliche Kunstwerk in der Museumsvitrine. (Klick.) Die farbenprächtigen Fische und Korallenriffe unter dem Glasboden des Ausflugsbootes. (Klick.) Die pittoresken Stadtviertel und Landschaften hinter der Seitenscheibe des Autos. (Klick.) Und ich habe das Wasserläufer-Gefühl: mich sehr schnell auf einer durchsichtigen glatten Oberfläche vorwärts zu bewegen. Die glatte durchsichtige Oberfläche gibt unter dem Gewicht meiner Beine nach, nur ein kleines bisschen: Aber ich komme nicht hinein ins Schöne, jedenfalls nicht für länger als es dauert, eine Fotografie zu machen.

Der britische Autor William Somerset Maugham hat 1935 eine Kurzgeschichte veröffentlicht: »The Lotus Eater«. Der Erzähler trifft auf Capri einen Briten aus kleinbürgerlichen Verhältnissen. Der fand es auf der Insel so schön, dass er nicht mehr in sein normales Leben zurückwollte – und zwar nie mehr. Er wollte in der Schönheit bleiben, und dann sterben. Er steckte seine gesamten Ersparnisse in eine Anlage, von der er 25 Jahre lang auf der Insel leben kann, bis er 60 ist. Dann trifft ihn der Erzähler. Sein Geld ist aufgebraucht. Er will sich umbringen, aber sein Versuch scheitert. Die Geschichte geht trotzdem nicht gut aus.

Ich bin kein Brite aus den 1930er Jahren, aber das Gefühl, das Somerset Maugham beschreibt, kenne ich gut. In Ländern, in denen man selbst nicht wohnt, bekommt der Alltag diese Glorie, diese ruhige Würde. Schöne Kaffeetassen, schöne Wassergläser, schöne alte Fassaden. Schöne Alltagsgegenstände. Sogar die Rentner sehen besser als bei mir zuhause – vor allem die Rentner. Das ist aber ein Distanzeffekt, der sich nur im Auge des frisch angekommenen Betrachters einstellt, leider. (Er wird verstärkt dadurch, dass man die Sprache gar nicht oder nur mangelhaft versteht.) Nach einer Woche Aufenthalt und erst recht nach drei Monaten sieht man an derselben Stelle Banales und Unpittoreskes, ein ungepflegtes Café mit mürrischen alten Leuten. Erst mit einiger Verschiebung in die Vergangenheit wird es dann wieder stimmungsvoll und schön. Und erst recht zwei Jahre später beim Betrachten der alten Ferienfotos, in der Erinnerung.

In Somerset Maughams Geschichte werden keine Ferienfotos gemacht. Könnte es sein, dass die Stopp-Maschine Fotografie barmherziger ist als der Wunsch nach der großen Erlösung, dem dauernden Verweilen im Schönen? John Urrys *Tourist Gaze*, der Modus des Reisens als Bildermachen – oder genauer: als Bildermachen-Müssen – ist das, was mich inkl. Spiegelreflexkamera oder Smartphone mit meinen Vorfahren aus dem 19. Jahrhundert verbindet. Tourismus als Dienstleistung und Infrastruktur muss seither das vermeintlich Uralte und Ursprüngliche deshalb so intensiv als Bildmotiv bewirtschaften, weil er selber dessen genaues Gegenteil darstellt. Fremdenverkehr bedeutet seit fast zweihundert Jahren in der Wirklichkeit das definitive Kaputtgegangensein dessen, was er zur Besichtigung anbietet. Die fotografische Nahsicht ist Nach-Sicht, im Wortsinn von Hinterher: Wenn man etwas ganz genau in Augenschein nehmen will, ist es immer schon vorbei.

Gleichzeitig mit dem Aufstieg des Tourismus und der kolonialen Expansion Europas in den Nahen Osten in der zweiten Hälfte des 19. Jahrhunderts erschien eine neue Bildformel für diese besondere Schau in die Vergangenheit, für die auf immer stillgestellte Zeit und den direkten, unverstellten Blick auf die Bewohner dieses fernen Früher: die Mumie. Ägyptische Mumien wurden in großen Zahlen nicht nur in die Zentren des gelehrten Europa verschifft, sondern auch vor Ort fotografiert. Sie waren die exotische Sehenswürdigkeit schlechthin; so attraktiv, dass sich europäische Reisende im Orient in möglichst enger Verbindung mit diesen stummen Körpern von früher ablichten ließen. In den Jahren um 1880 fertigte das deutsche Fotostudio Heymann und Co. in Kairo Porträtfotos von wohlhabenden Reisenden an, die als Sphinx oder – sehr beliebt – in reich geschmückten ägyptischen Mumiensarkophagen posierten. Noch Kühnere zeigten sich in aufwändiger Kostümierung als Mumie zwischen Sarkophagen. Der österreichische Thronfolger Franz-Ferdinand ließ sich 1896 auf seiner Reise nach Ägypten in einer solchen Aufnahme selbst als Pharao Amenhotep ablichten.

Das kokette Spiel mit der Vergangenheit demonstriert das Prinzip Stopp-Maschine mit durchaus ironischer Konsequenz: Die vermeintlich zurückgedrehte Zeit stillstellen und sich selbst darin auf lichtempfindlichem Papier festhalten – besonders lebendig,

Abb. 6: Ein Thronfolger als zukünftiger Herrscher über die Vergangenheit: Franz Ferdinand als Pharao Amenhotepp (sic), 1896, unbekannter Fotograf

in diesem Moment, weil umgeben von zeitlos alten Toten. Unsere Reisefotos handeln seit eineinhalb Jahrhunderten also gar nicht von den wunderbaren Dingen anderswo. Sondern von uns. Als Stillstellung der Zeit – oder Selbstmumifizierung.

Fotos, hat Boris Groys schon vor fast 25 Jahren konstatiert, geben keine äußere Wirklichkeit wieder, sondern nur die Wirklichkeiten des jeweiligen Fotografen. Das »Ende des musealen Zeitalters«, das er bei dieser Gelegenheit gleich mitverkündet hat, lässt allerdings vermutlich noch ein bisschen auf sich warten.[46] Gefallen sich die Touristen eigentlich auf den Bildern, die sie von sich selber machen?

Die Mumienporträts des 19. Jahrhundert sind, zugegeben, ein etwas extremes Beispiel. Aber wie jede Touristengruppe vor einer Sehenswürdigkeit des 21. Jahrhunderts führen sie vor, dass Fotografieren eine selbstermächtigende und gruppenbildende Praxis ist, die vor allem nach innen funktioniert – die Bilder sind für die bestimmt, die auf ihnen zu sehen sind. Sie zeigen Wünsche. Wir wollen das schöne Alte in Bildern festhalten, mit uns selbst darauf.

Für Einheimische, die an diesen gut gelaunten und mit vielen Kameras ausgerüsteten Menschengruppen vorbeigehen, sind die posierenden und fotografierenden Reisenden allerdings ziemlich bizarr. Für denjenigen, für den unsere Bilder nicht bestimmt sind, sehen

46 Boris Groys, *Logik der Sammlung. Am Ende des musealen Zeitalters*, München 1997, S. 139.

wir gar nicht gut aus. Mir geht es aber nicht darum, Geschmacksurteile über andere Leute zu fällen. Mich interessiert, wie sie zustande kommen. Der hässliche Tourist, das bin ich. Aber wenn das Schöne im Auge des Betrachters liegt, warum ist es dann so ungleichmäßig verteilt?

Die Industrie des schlechten Gewissens

Die Figur des hässlichen Touristen wird gewöhnlich mit dem Aufstieg des Fremdenverkehrs als industrielle Dienstleistungsbranche nach dem Zweiten Weltkrieg in Verbindung gebracht. Aber er war schon vorher da – von Anfang an. 1802 notierte der französische Schriftsteller Henri Beyle alias Stendhal, die vielen Engländer und Russen verwandelten Florenz in ein lautes und vulgäres Museum für Ausländer.[47] Sehr viel ausführlicher und systematischer hat der britische Schriftsteller und Reisende John Ruskin in seinen Texten ein halbes Jahrhundert später die ästhetischen Gewinnungskosten der Suche nach dem Schönen vorgerechnet. Die Alpen, schrieb er im vierten Band seiner Reihe *Modern Painters*, der »On Mountain Beauty« überschrieben war und 1856 erschien, seien durch ihre vielen Besucher auf immer zerstört. Deren rastlose

47 D'Eramo, *Die Welt als Selfie*, S. 24.

Suche nach dem besonders Schönen von Früher ruiniere es unwiderruflich, und von Chamonix bis Luzern listete er dafür zahlreiche Beispiele auf.[48]

Hässlich ist ein unfreiwilliges ›Guck Dich doch selber an‹-Wort. Wer etwas als hässlich bezeichnet, gibt damit so ausführlich über sich selber Auskunft wie über das, was er als abstoßend bezeichnet. Und über die eigenen Wünsche und Befürchtungen ebenfalls. Das Hässliche dokumentiert Distanzierungsbedürfnis. Das Hässliche sei das Gemeine, das Kleinliche, das Schwächliche, das Plumpe, Leere und Widrige, hat der Philosoph Karl Rosenkranz in der gründlichen Abhandlung definiert, die er 1853 der Kategorie gewidmet hat. Interessanterweise subsumiert Rosenkranz das, was er schon kennt – die schlechte Kopie, das Nachgemachte – unter denselben Begriff wie das schockartig Neue, das unerhört und unerträglich Scheußliche. Die Kategorie des Hässlichen wäre also erst einmal ein Instrument, mit dem der Betrachter die Welt organisiert – und zwar die in seinem eigenen Kopf. Ist es Zufall, dass Rosenkranz seinen Text drei Jahre vor John Ruskin schreibt, als Zeitgenosse des entfesselten Wachstums der großen Industriestädte in Europa und des take-off des organisierten Tourismus und der Fotografie?

48 Keith Hanlon und John Walton, *Constructing Cultural Tourism. John Ruskin and the Tourist Gaze*, Bristol 2010.

»Das Hässliche, als ästhetisch wertende Kategorie, die eine bestimmte Relation des Realen und Idealen fixiert, Gegenpol zum Schönen«, definiert der einschlägige Artikel im *Lexikon der Kunst* von 1991, bezeichne einen Gegenstand, Menschen, Vorgang usw., der Unlust, Ablehnung, Kritik hervorrufe, weil dieser Gegenstand (in Gehalt wie Gestalt) usw. unserem jeweiligen Ideal vom Realen, besonders im gesellschaftlichen Leben, widerspreche. Und der Autor setzt fort: Die Anerkennung oder Leugnung des Hässlichen, in der Wirklichkeit wie in der Kunst, sei »geprägt durch die jeweiligen klassenbedingten sozialen und ästhetischen Auffassungen.«[49] Im Tourismus ist das mit den »klassenbedingten« Auffassungen vielleicht ein bisschen komplizierter – wollen wir uns nicht alle in reichere Leute verwandeln, wenn wir in fremden Ländern unterwegs sind?

Auffällig ist jedenfalls, wie häufig das Beklagen des Hässlichen mit dem Festhalten des Schönen in Bildern kombiniert wird. Derselbe John Ruskin, der die Zerstörung der schönen Landschaften und mittelalterlichen Städte beklagte, hatte der – seiner Meinung nach – schönsten und bedrohtesten dieser Städte, nämlich Venedig, eine systematische Wiedergabe auf fast tausend Druckseiten gewidmet, mit vielen Bil-

49 Harald Olbrich (Hg.), *Lexikon der Kunst*, Band 3, München 1991, S. 148.

dern: *Stones of Venice*, das in drei Bänden 1851 bis 1853 erschien. Fotos gemacht hat er auch. Seine detaillierte Erfassung der Schönheit von früher kombinierte Ruskin mit eindringlichen Warnungen vor den ästhetischen Konsequenzen der Industrialisierung und des kapitalistischen Produktionssystems.[50] Er war damit nicht allein. Der französische Publizist Léon Forster schrieb 1860, alle Länder, die es wert seien, besichtigt und erforscht zu werden, seien »pausenlos von Strömen von Reisenden übervölkert«. Sein Landsmann Albert Robida ergänzte 1879, die schönen alten Städte würden unwiderruflich zerstört durch Gebäude im internationalen Stil des 19. Jahrhunderts, der überall derselbe sei, von Paris, London und Wien bis nach St. Petersburg. Robida war gleichzeitig der erfolgreiche Herausgeber von illustrierten Bildbänden eben dieser alten Städte – von den französischen Provinzen bis nach Deutschland, in die Schweiz und natürlich nach Italien.[51]

Der Tourismus ist von Anfang an eine Industrie des schlechten Gewissens. In den vervielfältigten Bildern von Früher war diese Schönheit als Abglanz immer noch da, wenn wir den Autoren des 19. Jahrhunderts

50 John Ruskin, *Die Steine von Venedig*, neu komponiert von Catharina Berents und Wolfgang Kemp, Hamburg 2016.

51 Forster zitiert nach Stiegler, *Reisender Stillstand*, S. 107; Albert Robida, *Les vielles villes de Suisse*, Paris 1879, S. 100 f.; noch mehr Beispiele bei d'Eramo, *Die Welt als Selfie*, S. 16–50.

glauben dürfen. Endgültig verloren war sie in der Wahrnehmung der Zeitgenossen erst dann, wenn sie von vielen Menschen besucht wurde – und diese Besucher sahen (im Gegensatz zu den Bildern der Sehenswürdigkeiten) für die Betrachter ästhetisch nie überzeugend genug aus. Anton Tschechow beschrieb Jalta in den 1890er Jahren als »eine Mischung von Europäischem, das an Nizza erinnert, und etwas Billigem und Schäbigem.« Auf seinen Straßen sehe man »unglückliche Schwindsüchtige, die dreisten tatarischen Gesichter, das Gewimmel der Damen mit dem unverhülltem Ausdruck von etwas Abstoßendem«; und man höre »das Geschwätz der jungen Damen und Herren, die sich hier eingefunden haben, um die Natur, von der sie keine Ahnung haben, zu bestaunen.«[52] Heute ist Tschechow in Jalta ein Museum gewidmet, das in alten Fotos die verflossene Schönheit der vorrevolutionären Ferienmetropole am Schwarzen Meer ausstellt. Die guten alten Zeiten, für die Tschechow in Jalta stehe, hat sein Besucher Navid Kermani angesichts der schönen alten Bilder notiert, habe er allerdings selbst bereits vermisst. Wann war es denn dann richtig schön gewesen?

52 Ich zitiere nach Navid Kermani, *Entlang den Gräben*, München 2018, S. 164.

Seit dem 18. Jahrhundert hatte die Literatur unermüdlich wiederholt, das freiwillige, zum Vergnügen unternommene Reisen sei das beste Gegenmittel gegen den Überdruss am Gewohnten und die Monotonie des Alltags. Hundert Jahre später notierten rastlose Forscher allerdings beunruhigt, die Welt da draußen, durch Dampfschiffe und Eisenbahnen immer schneller und bequemer erreichbar, werde eben dadurch auch immer hässlicher und monotoner. In denselben Jahrzehnten, in denen sich wissbegierige europäische Wissenschaftler, Fotografen, Militärs und Kolonisatoren – sehr häufig in Personalunion – mit Kriegsschiffen und Maschinengewehren den Zugang zu allen Erdteilen erzwungen hatten, begannen sie den unwiederbringlichen Verlust der lokalen Kulturen zu beklagen.

Der deutsche Kunstsammler, Publizist und Diplomat Harry Graf Kessler jedenfalls war nach seiner Rückkehr aus Mexiko 1898 überzeugt, seine Zeit sei die letzte gewesen, in der man noch hätte reisen können. Denn Neues gäbe es auch in der überseeischen Fremde nicht mehr zu sehen. »Das Bild bleibt sich von Weltteil zu Weltteil erstaunlich gleich«.[53] Der

53 Harry Graf Kessler, *Notizen über Mexiko*, Frankfurt a. M. 1998, S. 52.

elsässische Industrielle Albert Kahn kehrte 1908 von einer Weltreise mit der alarmierten Überzeugung zurück, die verschiedenen Kulturen begännen sich einander immer stärker anzugleichen und verschwänden in einer gleichförmigen Moderne. Das von ihm vorgeschlagene Gegenmittel hieß: Bilder machen. Von 1908 bis 1931 finanzierte Kahn die »Archives de la planète«: Lokale Gebräuche überall auf der Welt, von Irland über den Balkan, Nordafrika, Kleinasien bis nach Russland, Indien und China, sollten auf Fotos und Filmen festgehalten werden – wie schon die verschwindenden mittelalterlichen Schönheiten des 19. Jahrhunderts, nur diesmal in Farbe.[54] Schließlich war es allerhöchste Zeit: Der Schriftsteller Stefan Zweig konnte 1925 zwischen Kanada und Südostasien überall nur noch Einförmigkeit und jene »Monotonisierung der Welt« entdecken, die er dann in einem erfolgreichen Essay beklagte.[55]

Der Aufstieg der Suche nach Schönheit im 19. und 20. Jahrhundert zu einer extrem erfolgreichen Dienstleistungsindustrie hat neben Grand Hotels, Reiseveranstaltern, Souvenirläden und immer schneller vervielfältigten Bildern auch jede Menge Selbsthass pro-

54 Jeanne Beausoleil (Hg.), *Albert Kahn, réalités d'une utopie*, Billancourt 1995; Ausstellungskatalog: *Welt in Farbe: Farbfotografie vor dem Krieg*, Ostfildern 2013.

55 Stefan Zweig, *Die Monotonisierung der Welt* (1925), Frankfurt a. M. 1988.

duziert. Wer in die Ferien fährt, hat seither vorzugsweise eines im Gepäck, nämlich seine eigenen Erwartungen, inklusive der bangen Zweifel, ob sie sich auch wirklich werden erfüllen lassen. Von diesen Zweifeln (und von sich selber) will der Tourist sich vor allem erholen. Das ist gar nicht so einfach. Ein paar Jahre nach Stefan Zweigs verzweifelter Klage hat der portugiesische Schriftsteller Fernando Pessoa sein Alter Ego, den portugiesischen Hilfsbuchhalter Bernardo Soares, in dessen *Buch der Unruhe* notieren lassen: »Landschaften sind Wiederholungen« und, melancholisch: »Natur ist dort, wo wir nicht sind. Nur dort gibt es wirklichen Schatten und wirkliche Bäume.« Hans Blumenberg alias Axel Colly wusste 1955 auch das ganz genau. »Die Ausbreitung der Zivilisation über die Welt bedeutet: Nivellierung alles Fremden, Unerwarteten, Anfüllung mit Bekanntheitscharakteren. Es ist überall so wie bei uns, stellt der enttäuschte Tourist fest.«[56]

Eines lässt sich also über die Schönheiten von früher mit Sicherheit sagen, in die wir uns in den Ferien zurückbewegen möchten: Schon die gute alte Zeit hat das Verschwinden der guten alten Zeit heftig beklagt. Der moderne Tourismus ist parallel zum europäischen Hochimperialismus entstanden, der ihn ökonomisch und politisch erst ermöglicht hat. In seinem Inneren

56 Fernando Pessoa, *Das Buch der Unruhe des Hilfsbuchhalters Bernardo Soares*, Frankfurt a. M. 2007, S. 129, 357; Colly, »Durch die präparierte Welt«.

wohnte nicht nur gefräßige Beutelust, sondern auch jede Menge Selbstmitleid. »Declinism« nennt man in Großbritannien die dort seit reichlich hundert Jahren mit großer dramatischer Geste vorgetragene Erzählung des Niedergangs, vorzugsweise derjenige des eigenen Imperiums. »Declinism«, vermutet der britische Historiker David Edgerton, sei Untergang und Rettungsboot in einem, die letzte Zuflucht der Illusion von der eigenen Überlegenheit: Eine Selbsttäuschung über die vermeintlich angeborene eigene Vorrangstellung, aber kostümiert als Kritik.[57]

Die Lust an der Unfreiheit

Mögen deswegen Touristen andere Touristen aber wirklich so wenig? Der Tourist, formulierte Hans Magnus Enzensberger angesichts des ökonomischen Wiederaufstiegs der Branche im westdeutschen Wirtschaftswunder 1957 in seiner *Theorie des Tourismus*, sei das Spiegelbild dessen, was er loswerden wolle. Deswegen nehme er es überall hin mit. »Die Befreiung aus der industriellen Welt hat sich selber als Industrie etabliert, die Reise aus der Warenwelt ist ihrerseits zur Ware geworden.« In immer neuen An-

57 David Edgerton, *The Rise and Fall of the British Nation*, London 2018.

läufen versuche der Reisende, aus dieser Rückkopplungsschleife auszubrechen – »und damit aus der Unfreiheit. Immer wieder scheitert er dabei.«[58]

Diese Unfreiheit, wie Enzensberger sie ein wenig pathetisch nennt, zieht aus dem Betrachten ihrer eigenen Spiegelbilder aber gleichzeitig offensichtliches Vergnügen. 1968 erschien in der französischen Zeitschrift *Pilote* der Comic »Asterix bei den Olympischen Spielen«, in dem René Goscinny und Albert Uderzo die Bewohner des gallischen Dorfs eine Pauschalreise nach Griechenland unternehmen lassen – inklusive Touristenrestaurants, folkloristischer Tanzveranstaltungen und der Besichtigung historischer Sehenswürdigkeiten: Die französischen Kunden der Boombranche Pauschalreisen wollten sich ironisch verfremdet wiedererkennen. Die deutsche Übersetzung erschien 1972, vor den Olympischen Spielen in München. Wer heute die Altstadt von Athen besucht, findet dieses Asterix-Heft – und zwar nur dieses – rund um die Plaka an allen Souvenirständen angeboten, zusammen mit jenen Souvenirs, über die sich Goscinny und Uderzo in dem Heft bereits lustig machen, in allen möglichen Sprachen, deutsch, englisch, italienisch, spanisch und russisch, je nach Herkunft der Besucher. Mit ironischer Selbstbespiegelung hat

58 Hans Magnus Enzensberger, *Theorie des Tourismus* (1957), in: Ders., *Einzelheiten*, Frankfurt a. M. 1962, S. 147–168, S. 160 und 163.

Abb. 7: Kann sich jemand eine Vergangenheit ohne Touristen vorstellen? Selbstbesichtigung der eigenen Gegenwart mit der Antike als Rückspiegel, 1968

der Fremdenverkehr jedenfalls rund um den Athener Monastiraki-Platz überhaupt kein Problem.

Tourismus ist schon seit langem Wiederholung, selbstbewusste Rückkopplungsschleife der eigenen alten romantischen Versprechen auf Besichtigung des

Echten plus ihrer Entlarvung und Entzauberung. Die von Ruskin erstmals formulierten Erzählmotive von der zerstörerischen Suche nach dem Schönen sind in der zweiten Hälfte des 20. Jahrhunderts angesichts des unaufhaltsamen wirtschaftlichen Erfolgs der Branche noch schärfer und anklagender zugespitzt worden. *Die goldenen Horden* hieß ein sehr erfolgreiches Buch von 1972 über die negativen Auswirkungen des modernen Fremdenverkehrs; *Die Landschaftsfresser* von 1975 ein anderes – beide illustriert mit vielen fotografischen Beispielen für die Zerstörung ursprünglicher schöner Landschaften. Diese Bilder haben sich in der Zwischenzeit selbst in historische Aufnahmen verwandelt, weil sie mittlerweile verschwundene touristische Bauten von damals zeigen.

In dieser Wirtschaftswunderzone konnten europäische Reiseveranstalter jährlich zweistellige Zuwachsraten verbuchen, obwohl in der Ölkrise zwischen 1973 und 1976 und in den Turbulenzen danach andere Dienstleistungs- und Industriebranchen massive Einbrüche erlebten. Die Fremdenverkehrsindustrie aber wuchs weiter: Der Anteil für Urlaubsausgaben am durchschnittlichen Haushaltsbudget in den wohlhabenden westeuropäischen Ländern stieg unaufhaltsam. Flugreisen wurden immer populärer, und die Destinationen immer exotischer.

In diesen 1970er Jahren leben wir immer noch, was die Wahrnehmung des Fremdenverkehrs angeht. In dieses schöne Früher als dem Jahrzehnt der Rolling Stones, der Bee Gees und ABBA samt ihren goldenen Schallplatten fahren die europäischen Besserverdiener zur Erholung, denn es ist ja immer noch da. Tourismus ist Pop, eine globale Industrie des Als-Ob, der Zitate, ironischen Remakes und der endlosen Wiederverwertungsschleifen des Vertrauten. Tourismus ist auch deswegen Pop, weil er seinen Kunden treuherzig versichert, das genaue Gegenteil einer Industrie zu sein, nämlich persönliches, individuelles Erleben. Und wie beim Pop hat sich der Tourismus aus gesellschaftlichem Gegenentwurf, Revolte und »Entkommen«, wie Enzensberger es 1957 genannt hatte, in einen Allesfresser verwandelt, der jede abweichende Position – Öko, Alternativ, nachhaltig, egal – problemlos in den Mainstream eingemeindet und kommerziell nutzbar macht.

Ein Jahr nach Enzensberger hat Wyston Hugh Auden sein »Goodbye to the Mezzogiorno« gedichtet. Darin heißt es:

> Out of a gothic North, the pallid children
> Of a potato, beer-or-whisky
> Guilt culture, we behave like our fathers.

Zufall, dass hier an so prominenter Stelle von der eigenen weißen, nordisch-blassen Hautfarbe die Rede ist? Tourismus war für den britischen Dichter 1958 jedenfalls bereits Wiederholung. Seine Kartoffel-, Bier- und Schuldkultur (Italienaufenthalte halfen offenbar dagegen) ist seither durch eine Zucker-Porno-Fun-Kultur ergänzt worden, die genauso effizient, fürsorglich und erbarmungslos ist. An beiden wird entsprechend weiter melancholisch gelitten. Ein empfindsamer später Nachfahre von Auden, Jarvis Cocker, sang 1995: »You know that everybody hates a tourist« – »Common People« heißt das Lied, in dem diese Zeile vorkommt.

Kreta im Oktober: Das Paar am Strand, beide um die Sechzig, er mit teurer Fotoausrüstung, zieht sich nackt aus und reibt sich dann gegenseitig sorgfältig mit Lehm ein. Ihr Wohnmobil, deutsches Kennzeichen, haben sie ein paar Meter weiter an der Zufahrtsstraße geparkt. Woher kommt eigentlich das eigenartige Versprechen, dass die Zeit stehenbleiben wird, solange man unterwegs ist? Deswegen die älteren Paare im Wohnmobil auf Kreta, in Südspanien und Portugal, und immer sitzt er am Steuer, wie in Saudi-Arabien. Das Wohnmobil, denke ich mir, ist eine Art privates Saudi-Arabien, Ausschluss des Unpassenden. Sie parken immer so, dass sie in die Ferne schauen können: Meer, Horizont, Straße, egal, Hauptsache weit. Vielleicht möchten sie einfach vermeiden, Naheliegenderes in den Blick zu nehmen.

Aber nicht nur der Tourismus besteht aus Wiederholungsschleifen, sondern auch die erbitterte Kritik an ihm. Wer in dem 2014 erschienenen Buch *Die elfte Plage* von Peter Laudenbach über die Touristen in Berlin blättert, entdeckt lauter Stereotype aus den ästhetischen Kritiken am Fremdenverkehr aus dem 19. Jahrhundert. Die Touristen sind unschuldig, aber primitiv. Sie wissen nichts über das, was sie besichtigen. Sie sind unhöflich und undiszipliniert. Ein Jahrhundert nach Harry Graf Kessler und Albert Kahn wusste es der Schriftsteller und Journalist James Hamilton-Paterson 2006 deshalb schon wieder (oder noch immer) ganz genau: Es gäbe nichts Neues mehr da draußen zu sehen in der Fremde. Je mehr Leute die schrumpfenden Gletscher besichtigten, desto schneller verschwänden sie. Der Tropenidylle sei längst genau das geschehen. Alles werde immer voller, ein Land gleiche dem anderen, und überall sähen immer mehr Besucher dieselbe traurige Aussicht im Rückspiegel. Titel: »The end of travel«.[59]

»Wenn ich reise«, sagt die anonyme Ich-Erzählerin in Sontags Essay »Unguided Tour« , »dann immer, um Abschied zu nehmen.« Ich bin unausgeglichen«, sagt sie. »Ich bin eine wankelmütige Liebhaberin.« Nicht Liebe sei es, die die Vergangenheit zum Überleben brauche, sondern fehlende Wahl. »Und Armeen von Wohlhabenden, rastlos aus Eitelkeit und Gier.«[60] Eine

59 James Hamilton-Paterson, »The End of Travel«, in: *Granta* 94 (Juli 2006), S. 16-21.

60 Sontag, »Unguided Tour«.

Zürcher Freundin kam letzten Winter aus Sri Lanka zurück mit der Einsicht, dass es auf der schönen tropischen Insel auch nicht mehr so sei wie früher. »Wir sind«, sagte sie melancholisch, »dort nicht mehr unter uns«. Am Strand und in den schicken Hotels in den Dschungelbergen sei alles voller Russen, Inder und Chinesen. Die Alternative zum älteren Modell von der Wiedergutmachung der Industriegesellschaft durch Strand und Berge, die ich und meine Bekannten seit langem praktizieren – Kulturtourismus – ist selbst natürlich genau das, was er hinter sich zu lassen verspricht, nämlich Konsum: Konsum des Alltags der Einheimischen. Denn deren Cafés, Bars und Ausflugsziele möchte ich als Kulturtourist ja benutzen. Die echten. Und nicht diejenigen, die für mich hingestellt worden sind, den groben, ungelenken und ahnungslosen Besucher von auswärts.

Da ist er wieder, der hässliche Tourist. Diesmal bin es ich. *Süddeutsche Zeitung*, 2. September 2017: »Geht nach Hause! Die Individualtouristen, die auf die Pauschaltouristen herabschauen, stören den Alltag am meisten.« In deinem Land, lässt Susan Sontag in ihrem Essay von 1977 eine ungenannte Person ihre Ich-Erzählerin fragen, »gibt es da keine schönen Dinge?«[61]

Ein Jahr später notiert der französische Philosoph Roland Barthes in seinem Tagebuch über fotografie-

61 Sontag, »Unguided Tour«, S. 29.

rende Touristen in Paris: »Man ahnt, dass der Akt selbst sie begeistert; beim Produkt ist man da nicht so sicher. Insofern sind sie vielleicht sehr modern: das Bild zugunsten seines Einfangens verschwinden lassen.«[62]

Das wäre doch schon einmal ein erstes Zwischenergebnis. Die Suche nach der stehengebliebenen Idylle von Früher und die technische Beschleunigung widersprechen sich nicht. Sie verstärken einander vielmehr gegenseitig. Fotografierte Mumien leben am längsten. Seit gut dreißig Jahren erscheinen die Fotos vom alten Echten vorzugsweise in einem neuen Medium, das Elemente der kostspieligen alten fotografischen Alben des 19. und frühen 20. Jahrhunderts aufgenommen und optimiert hat: Das aufwändig produzierte großformatige Fotobuch für die gepflegte Couchgarnitur. Ein 2013 erschienener Fotoband namens *Grand Tour* zum Beispiel versammelt frühe italienische Aufnahmen aus der Mitte des 19. Jahrhunderts. In seinem Untertitel verspricht er ganz selbstverständlich, seine Käufer in Gesellschaft des berühmten Weimarer Geheimrats aufbrechen zu lassen und den Wunsch des großen Dichters nachträglich erfüllt zu haben, auch wenn der schon einige Jahre tot war, als die neue Technik erfunden wurde: *Mit Goethe durch das alte Italien*. Ein anderer Band mit Fotografien der

62 Roland Barthes, *Chronik*, Berlin 2003, S. 12.

1860er und 1870er Jahre im selben Verlagsprogramm heißt, kaum weniger utopisch, *Japanese Dream* – in Seide gebunden und fast einen halben Meter hoch. Und ein 2019 erschienener Band mit groß reproduzierten bunten Reisefotografien der zweiten Hälfte des 19. Jahrhunderts aus den Beständen der Pariser Société de Geographic ist dann gleich triumphal betitelt: *Die Entdeckung der Welt*.

Die Überschrift steht vielleicht am deutlichsten für das Missverständnis, auf dem das europäische Bildermachen in schönen fremden Ländern beruht. Denn all die pittoresken Tempel und Ruinen, die Strände, Palmen und Eingeborenen, die Berge und atemberaubenden Landschaften, die von den Reisenden auf ihren lichtempfindlichen Glasplatten und Papieren festgehalten werden mussten, die waren vorher auch schon da. Nur eben ohne ihre Besucher. Das war die störende Lücke, die ihre Bilder zum Verschwinden bringen musste. So hässlich kann der Tourist gar nicht sein, dass er sich nicht am Ort seiner Wünsche selber wiederfinden möchte.

5 Am Ziel der Träume

Sagen Sie sich leise vor: »Traumdestination«. Was für Bilder erscheinen in Ihrem Kopf, wie von selbst? Palmen. Rauschendes Meer. Strände mit türkisblauem Wasser und weißem Sand. Oder wenn Sie eher die Skifahrerin, der Skifahrer sind: Unberührte Hänge voller Pulverschnee vor blauem Himmel? Oder ist es der Balkon eines Hotelzimmers, mit Blick auf den Canale Grande?

Zum Vergnügen reisen Menschen seit ungefähr 250 Jahren – seit man nicht mehr alles zu Fuß oder auf dem Pferderücken machen muss und seitdem es halbwegs gut organisierte Postkutschenverbindungen gibt. Ungefähr genauso lange gibt es Traumdestinationen. Es sind Orte, die nicht nur schön sind. (Schön ist es an vielen Orten.) Die nicht nur bewirken, dass es einem besser geht. (Zu Heilquellen reisen Menschen seit zweitausend Jahren.) Die einen nicht nur verwandeln und verbessern. (Wallfahrtsorte gibt es fast ebenso lange.) Eine Traumdestination dagegen ist der Ort, der einem alle Wünsche erfüllt, also: Erlösung. Auf Zeit.

Eine Traumdestination ist deshalb auch nicht dasselbe wie ein Paradies. Sie hat nichts zu tun mit der biblischen Erzählung vom verlorenen unschuldigen Zustand, in dem alle Tiere noch zahm waren und unsere Vorfahren, das Hausmeisterehepaar Adam & Eva, noch ahnungslos, aber glücklich. Die Traumdestination ist nicht der Ort von Ursprung und ewiger Kindheit, sondern der, wo meine Erwachsenenwünsche erfüllt werden. In einer Traumdestination gibt es daher auch keine Alten. Genau genommen sind sie schon dort, weil ich selber dorthin fahre. Die zahlungskräftigsten Touristen sind die über 50, in Deutschland und in der Schweiz sowieso. Aber Traumdestination verspricht: Keine Alten außer mir. Deswegen sind auf den Bildern von Traumdestinationen nur Leute unter 35 zu sehen.

Die Traumdestination kann also kein Ort sein wie alle anderen. Man muss Hindernisse überwinden, um dorthin zu gelangen – der erfolgreiche Roman *Der Strand* von Alex Garland von 1996 spielt, als einer von vielen, dieses Motiv sehr konsequent durch. Die Traumdestination liegt stets weit entfernt von ihrem europäischen (oder amerikanischen) Zielpublikum, im tropischen Südostasien, auf Tahiti oder Hawaii. Traumdestinationen sind auffällig häufig auf Inseln angesiedelt; oder hinter hohen, schwer zu überwindenden Bergen. Die Hindernisse werden auch gerne mit ökonomischen Hürden kombiniert. Dann ist es einfach sehr teuer, dorthin zu kommen und ein Zimmer zu reservieren.

Eine Traumdestination muss aber immer auch bedrohliche Aspekte haben, sonst ist sie keine. Die populäre Traumdestination Karibik hat die *hurricane season*, in der das perfekte tropische Wetter und unberechenbare Stürme einander abwechseln, und, sehr schön auf den Punkt gebracht in dem in der Karibik angesiedelten James Bond-Film LIVE AND LET DIE von 1973, schwarze Voodoo-Kulte als beunruhigend-faszinierenden Hintergrund.[63] Traumdestinationen haben immer eine solche historische Grundierung, und sie muss anschlussfähig sein an die Vorstellungen und Bilder in den Köpfen derjenigen, die dort hinwollen. Die Sehnsuchtsorte der Europäer beruhen auf Natur-Kultur-Kombinationen: In ihren alpinen Varianten sind sie von St. Moritz bis Kitzbühel und Aspen Kreationen der industriellen Hochmoderne, in denen zuerst Grand Hotels in Stahlbetonkonstruktion und dann Skistationen eine menschengemachte Über-Natur zur Verfügung stellen: Dank technischer Infrastruktur können sich die Besucher im Hochgebirge von allen störenden Aspekten der hochindustriellen Technik erholen –

63 Stuart Schwartz, *Sea of Storms. A History of Hurricanes in the Greater Caribbean from Columbus to Catrina*, Princeton/London 2015.

Technik, die die Folgen von Technik auf komfortabelste Weise wiedergutmacht.

Die Traumdestination ist aber auch der magische Ort, an dem die Zeit rückwärts läuft. Wenn es mir gelingt, dorthin zu fahren, wenn ich genügend Geld habe, um mir die Traumdestination leisten zu können, werde ich dort – so das Versprechen – auf wunderbare Weise jünger, schlanker, muskulöser, sehr viel besser aussehend und sexuell höchst attraktiv werden, auch wenn ich ein dicker alter Mann bin, dem die Haare ausfallen. Einfach so, weil ich dort bin. Deswegen gehen auf den Traumdestinationen Ibiza und Mykonos die 1970er Jahre nie zu Ende, in der Karibik die 1960er Jahre, auf Capri – alles Inseln – die 1950er Jahre. Auf den entsprechenden thailändischen Gegenstücken – Koh Samui, Phuket, Koh Phi Phi Le – gehen die 1990er Jahre nie zu Ende. Und in Venedig – noch eine Insel – das gesamte 19. Jahrhundert.

Und das ist das vielleicht wichtigste Kennzeichen einer Traumdestination. Nicht nur, dass sie Schönheit verkörpert und dass ich auf ihr – oder genauer: durch sie – in eine verlockende ästhetische Vergangenheit eintreten kann, die mir sehr gegenwärtige Dienstleistungen zur Verfügung stellt. Sondern dass ich sie bereits kenne. Traumdestinationen sind deswegen welche, weil sie ihrem Publikum bereits bekannt sind. Reiseführer reichen da nicht. Es müssen schon Romane sein, noch besser Filme mit attraktiven Hauptdarstellerinnen und -darstellern – Leonardo di Caprio in der Verfilmung von Alex Garlands *The Beach* zum Beispiel, vier Jahre nach dem Erscheinen des Romans (mit mäßigem Erfolg) in die Kinos gebracht.

Die Traumdestination ist ein Emblem, das auf so weit verbreitete und allgemein vertraute Erzählungen und Bilder zurückgreifen kann, dass man überhaupt niemanden erklären muss, was genau denn dort so schön sei. Denn bei der Nennung des Ortes klappen sofort die dazugehörige Menüs auf: Karibik, das heißt: Palmen, schwarze Musik, scharfe tropische Drinks. Venedig, das heißt: Palazzi, Kunst, der Markusplatz und noble altmodische Hotels. Es waren als solche gekennzeichnete Fiktionen, nämlich Romane und Filme, die in Europa und Amerika seit mehr als einem Jahrhundert die Vorstellung verankert haben, dass eine richtige Hochzeitsreise eigentlich nach Venedig führen muss. Seither bilden der Markusplatz und die Rialtobrücke die ordentliche ästhetische Kulisse für den bildungsbürgerlichen Geschlechtsverkehr. Ok, man kann auch nach Capri.

Und schließlich ist die Traumdestination deswegen eine, weil sie bedroht ist: Diese Bedrohung lässt alle Besucher – plus diejenigen, die träumen, dass sie auch dorthin fahren könnten – die Perfektion der Traumdestination noch deutlicher empfinden. Unbedingt hinfahren, solange es sie noch gibt. An Maya Beach zum Beispiel – der Strand heißt wirklich so, wie das Café im südindischen Varkala. Er liegt auf der thailändischen Insel Ko Phi Phi Le, und dort wurde THE BEACH gedreht. Durch den Film zur Sehenswürdigkeit geworden, wurde der etwa 250 Meter lange Küstenstreifen von mehreren tausend Schaulustigen und 200 Ausflugsbooten täglich besucht. 2018 haben die thailändischen Behörden angesichts der Verschmutzung und der fast vollständigen Zerstörung der Korallenriffe den Küstenabschnitt für vorerst vier Jahre für sämtliche Besucher gesperrt.[64]

Die atemberaubend schöne Insel, zerstört durch ihre vielen Besucher – da waren wir schon. Der Untergang von Venedig – bei John Ruskin durch die drohende österreichische Armee, dann durch Sturmfluten, dann durch Verschmutzung und zuletzt durch eine ganz andere Art von Flut, nämlich die seiner begeisterten Besucher – wird seit gut 170 Jahren ununterbrochen angekündigt und in einer schwer überschaubaren Zahl von Büchern, Reportagen und Dokumentarfilmen breit erläutert. Ein 2020 erschienenes Buch überschreibt das betreffende Kapitel »Die Arche und ihr langsamer Untergang«. »Wer Venedig noch erleben will, soll das bald tun«, zitiert der Autor die einschlägige Publikation bei Fodor's, dem größten

64 *The Guardian*, 25. Februar und 28. März 2018; »The Beach Nobody Can Touch«, BBC News 13. Januar 2020.

Verlag für Reiseführer auf dem Planeten überhaupt.[65] Die müssen es ja wissen.

Die Altstadt von Venedig als Hauptstadt der ästhetischen Melancholie ist in den letzten zwanzig Jahren logischerweise auch die offizielle Metropole der touristischen Übernutzung geworden. Sie hat 25, 27 oder 32 Millionen Besucher pro Jahr – die Zahlen wechseln, je nachdem, wer damit jeweils was beweisen will – bei etwas mehr als 50.000 Anwohnern. Diese Bewohnerzahl hat sich in den letzten vierzig Jahren halbiert, und dabei sind die privat an Touristen vermieteten Wohnungen noch inbegriffen. Nein, das sind natürlich nicht Sie und ich, die sich das wünschen, was wir dann selber kaputt machen werden, indem wir es besuchen. Die Hölle, das sind die Anderen am Ziel unserer Träume.

Der Untergang ist nicht das Gegenteil der Attraktion, sondern ihr notwendiger Bestandteil: Kein Wunder, dass Venedig seit mehr als hundert Jahren immer wieder neu kopiert und anderswo als Replik aufgebaut worden ist, vom Wiener Prater über Las Vegas bis nach Istanbul und Dongguan und Dalian in China. Die Traumdestination hat sich in ihre eigene Kopie verwandelt.[66] Und eigentlich wissen das auch alle. In der spektakulären Schlusssequenz des James

65 Thomas Steinfeld, *Italien. Porträt eines fremden Landes*, Berlin 2020, S. 380.

66 Ebd., S. 387–391; Wolfgang Scheppe (Hg.), *Migropolis. Venice: Atlas of A Global Situation*, Ostfildern 2009, Bd. 2, S. 1228–1266.

Bond-Films CASINO ROYALE von 2006 wird ein zur Restaurierung eingerüsteter venezianischer Palazzo zum Schauplatz des Schlusskampfs zwischen dem Agenten des Guten und seinem bösen Widersacher. Der Palast geht dabei als Ganzes sehr effektvoll in die Luft und versinkt zuletzt in den Fluten des Canale Grande. Der Untergang der Rettung des dem Untergang Geweihten, das muss man auch erst einmal hinkriegen. Die bewegten Bilder der Zitatmaschine Pop sind eben wie Reisefotos: nachträglich allmächtig.

Die falsche Art Vergangenheit

Aber als ich an einem Dienstag Ende April 2019 früh morgens um viertel nach sieben aus dem Zug steige, ist es sehr schön vor dem Bahnhof Venezia Santa Lucia. Sonne; die Kanäle glitzern, und es ist fast menschenleer. Auf der großen Touristendurchmarschstraße zwischen dem Bahnhof und der Rialtobrücke sind nur eine Handvoll Leute unterwegs, und die meisten sehen aus, als wären sie nicht im Urlaub, sondern auf dem Weg zur Arbeit. An einer Bäckerei ein trotziger Verkaufsslogan: »Alles können sie kopieren, außer unsere Geschichte.« Auf dem Markusplatz ist auch noch Platz. Vor dem Eingang zum Campanile aus dem 12. Jahrhundert wird es aber schon ein bisschen eng: Mehrere chinesische

Hochzeitspaare lassen sich dort fotografieren; weitere warten geduldig, bis der beste Platz auf den Stufen vor dem Portal wieder frei wird, drumherum Angehörige und Fotografen mit ihren Assistenten. 1902 ist der Campanile übrigens eingestürzt. Er wurde sofort wieder aufgebaut, und seither ist er das Wahrzeichen der Stadt. Damit etwas zum Wahrzeichen wird, muss es erst einmal kaputt gegangen sein und dann wieder gerettet, restauriert, durch moderne Technik.

Venedig wurde schon vor sechseinhalb Jahrhunderten als schön geschildert und in seiner Schönheit bedroht, allerdings in etwas anderer Weise als heute. 1367 oder 1368 hatte der Dichter Francesco Petrarca in einem Brief an den Erzbischof von Genua über Venedig geschrieben: »Dort, wo früher Schiffe voller Getreide ankamen, landen jetzt Schiffe voll mit Sklaven, bedauernswerten Menschen. Eine unzählbar große Menge Sklaven beiderlei Geschlechts ergießt sich so in die Stadt und verunstaltet die Schönheit von Venedig mit ihren exotischen Gesichtern; so wie ein schlammiger Fluss die Klarheit eines reinen Gewässers zerstört.«[67]

Die Anlegestelle, an der Petrarca vermutlich gestanden hat, heißt heute Riva dei Schiavoni – das Wort für

67 Zitiert nach Steven Epstein, *Speaking of Slavery. Color, Ethnicity, and Human Bondage in Italy*, Ithaca/London 2001, S. 105.

die Bewohner Dalmatiens, die eine eigene religiöse Bruderschaft mit einer Kirche in der Nähe haben. Das italienische Wort für Sklave – *sciavo*, deshalb der Gruß »ciao!«, verballhornt aus dem venezianischen »vostro sciavo« – und Slaven, *sciavone*, ähneln sich aus historischen Gründen. An der Riva dei Schiavoni stehen heute die großen Luxushotels, die im 19. Jahrhundert für die Touristen neu erbaut worden sind. Ruskin hatte bei seinem Besuch dort im »Danieli« gewohnt; daneben liegen das »Savoia«, das »Gabrielli« und das »Londra Palace«. Dort ist auch die Schiffsanlegestelle San Zaccharia, wo die großen Touristengruppen von der Fähre steigen und weiter kommandiert werden zum Markusplatz, zum Campanile und in die Innenstadt. Venedig ist eine große Menschenpumpe, die im 14. Jahrhundert zu laufen begonnen hat.

Nicht nur in Venedig, sondern auch an ziemlich vielen anderen Orten sind die modernen Touristen direkt auf den Spuren der Sklavinnen und Sklaven unterwegs. Der moderne Inbegriff für die tropische Idylle, die Karibik, ist der koloniale Archipel der Zwangsarbeit. Zwischen dem 16. und dem Ende des 18. Jahrhunderts wurden zwischen fünf und sechs Millionen Westafrikaner dorthin verkauft, um auf den Plantagen billigen Kaffee und Zucker für Europa zu produzieren.

Ich hatte 2018 ein Buch über Tourismusgeschichte geschrieben; darauf bekam ich eine Anfrage vom

Bordmagazin der Charterfluglinie »Condor«. Ob ich etwas über die Hotspots des Geschichtstourismus für sie schreiben könne? Es wäre doch fabelhaft, dachte ich, wenn die vielen Kunden der Fluglinie so von der Existenz meines Buchs etwas erführen. Rom, Athen und der Peloponnes, von denen bei mir ausführlicher die Rede war, standen allerdings nicht auf der Liste ihrer Destinationen; dafür aber Teneriffa, La Palma und Lanzarote.

Also schrieb ich über die Kanarischen Inseln. Als sie in der Mitte des 14. Jahrhunderts entdeckt wurden, wurden sie nach Vorbildern aus der antiken Literatur sofort als die »glücklichen Inseln« identifiziert, auf denen ewiger Frühling herrsche und deren Einwohner wunderschöne Körper in der idealen Hautfarbe genau in der Mitte zwischen weiß und dunkel hätten. So sah das Schönheitsideal der italienischen Humanisten aus und so hatten sich Dichter wie Petrarca im 14. Jahrhundert selber beschrieben. Genau diese Hautfarbe schrieb auch sein Kollege Giovanni Boccaccio den Ureinwohnern der Kanarischen Inseln zu, als er den ersten Reisebericht eines italienischen Kaufmanns ins Lateinische übersetzte – antike Tempel mit Götterstatuen gäbe es dort auch, meinte er.

Der rasch expandierende Sklavenhandel des 15. Jahrhunderts transportierte dann aber nicht nur Nord- und Westafrikaner als Sklaven nach Europa, sondern auch Einwohner der Kanarischen Inseln.

Als sie versklavt wurden, büßten sie allerdings die ideale Hautfarbe ein, die sie in europäischen Berichten hundert Jahre früher noch gehabt hatten. Als der deutsche Reisende Hieronymus Münzer 1495 im Hafen von Valencia kanarische Sklavinnen und Sklaven sah, beschrieb er sie als »bestiales«, als tierisch: Sie hätten starke und schöne Gliedmaßen, aber sehr dunkelbraune, fast schwarze Haut. Als ein weiterer deutscher Reisender, Lukas Rem, im Auftrag einer multinationalen deutsch-spanischen Handelsgesellschaft zwanzig Jahre später die Kanaren besuchte – am Beginn des 16. Jahrhunderts waren dort große Zuckerrohrplantagen angelegt worden, mit Sklaven bewirtschaftet – schilderte er sie als wild, feindlich und ungesund: »das verfluocht land«. Erst als die Inseln im 19. Jahrhundert begannen, Wein, Frühgemüse und Blumen nach England zu exportieren, wurden sie wieder zu den glücklichen Inseln des ewigen Frühlings. Dann kamen auch die Touristen.

Zwei Stunden später war die Antwort da. »Interessanter Text«, schrieb die Redakteurin des Bordmagazin freundlich, »aber wollen Sie eigentlich, dass ich meinen Job verliere?« Sie hatte natürlich recht. Meine Geschichte war die falsche. Traumdestinationen dürfen nicht zu viel Vergangenheit haben, sonst sind sie keine mehr. Die Passagiere von Pauschalreisen haben das gute Recht, von Sklavenhandel nichts lesen zu müssen. Und auch nichts von der kolonialen Gewalt, die sie überhaupt erst erzeugt hat, die europäischen Traumdestinationen in den Tropen.

Heimkino im Menschenzoo

Die meisten der Reiseziele, nach denen ich mich sehne, sind keine wirklich existierenden Städte, Berge oder Strände, sondern Drehorte für einen imaginierten Film mit mir in der Hauptrolle. Das Drehbuch habe ich mir nicht selber ausgedacht, sondern aus Filmen und Büchern übernommen – je nach Lesebiografie aus James Bond oder James Garland, aus Donna Leons Venedig-Krimis oder von Bruce Chatwin. Dessen Buch über das australische Outback heißt in der deutschen Übersetzung ja nicht umsonst *Traumpfade*. Es kommen dauernd neue dazu. Traumdestinationen sind das, was ein kluger Film INCEPTION genannt hat: die Übernahme fiktiver Sequenzen anderer Leute ins Heimkino im eigenen Kopf. Deswegen will ich als Urlauber über mich selbst lieber nicht allzu viel wissen. Ich ziehe meine selbstgemachten Fiktionen über mich vor. Größere Teile dieser Skripts können komplett unausgesprochen bleiben, manchmal will ich sie auch ignorieren. Wirksam sind diese Drehbücher der Wünsche trotzdem.

Dazu kommen Filme besonderer Art, die Remakes meiner eigenen Erinnerungen. Der Zauber vergangener Ferien ist um so stärker, weil sie sich immer nur unvollständig wiederholen lassen. *Passato remoto* heißt das in der italienischen Grammatik: die abgeschlossene, unerreichbar gewordene Vergangenheit. Mein Urlaub wird mit Versatzstücken aus vergangenen Lebensphasen bestückt, die aus den (damals eher banalen) originalen Umständen herausgelöst und im Retro-Modus magisch aufgeladen werden. Damals war es echter. Damals war es intensiver. Am dringendsten vermisse ich die Coolness, Autonomie und die schimmernde Sommerfitness von früher, die ich vermutlich überhaupt nie gehabt habe. Im Tourismus ist vielleicht deswegen so viel von Vergnügen die Rede, weil er auf einem ganz anderen Gefühl basiert: auf der Angst, etwas bereits verpasst zu haben.

Was heißt also Traumdestination, im wörtlichen Sinn? Träume sind nicht traumhaft schön. 80 Prozent aller Träume sind angstbesetzt und negativ, sagt die psychologische Forschung, die in den letzten zwanzig Jahren mit hohem technischen Aufwand reale nächtliche Träume untersucht hat.[68] Im Traum muss man immer wieder das Abitur oder die mündliche Hauptfachabschlussprüfung bestehen. Im Traum muss man einen Vortrag halten und das Manuskript ist plötzlich weg, oder unlesbar; und ich komme Nacht für Nacht

68 Einen Überblick über die Ergebnisse der neueren Traumforschung liefert Douwe Draaisma, *Wie wir träumen*, Berlin 2015.

im Traum zu spät zu den Flugzeugen und Zügen, die ich doch unbedingt kriegen muss. Die meisten Träume handeln nicht von seliger Wunscherfüllung. Sondern von unlösbaren Aufgaben, die man trotzdem irgendwie hinkriegen muss.

Wenn ich im Traum weiß, dass ich träume – wenn ich zum Beispiel ohne Hilfsmittel fliegen kann (das kann ich gelegentlich) – dann bin ich im Traum tatsächlich erleichtert, beschwingt und glücklich. Anstrengende Träume wie der vom Zuspätkommen zum Flugzeug dagegen fühlen sich sehr realistisch an, während ich sie habe. Ein Traum ist etwas, in dem ich mich nicht freiwillig befinde. Wenn wir von Träumen reden, meinen wir gewöhnlich nicht das, was wir wirklich träumen, sondern unsere Wünsche, und vor allem diejenigen, die für die Augen der Anderen bestimmt sind. Deswegen heißt es ja auch Traumauto, Trauminsel, Traumpartner. Kann ich mir eigentlich aussuchen, was ich mir wünsche? Ein starker Wunsch ist eine große Maschine, die mich einsaugt, verschluckt und dann sehr lange auf mir herumkaut.

Für diejenigen, die dort wohnen, wo ich gerne zur Erholung hinfahre, sehe ich ohnehin anders aus, als ich mir selbst erscheine. Der singhalesische Journalist und Autor Indi Samarajiva, Januar 2020: Die Branche nenne sich die Gastfreundschaftsindustrie. Aber Gastfreundschaft sei etwas, das auf Gegenseitigkeit beruhe. Du bist bei mir willkommen, und ich bei Dir. Nicht so im Tourismus. Weiße seien überall willkommen. Farbige – »brown people«, schreibt Samarajiva – müssten Bestätigungsschreiben, Garantien, Bewilligungen vorweisen. Unsere Pässe, schreibt er, sind peinlich. Die Bewilligungen, die wir bekommen, sind die Ausnahme. Auf unsere Stirnen ist gestempelt: »Zurück an den Absender. So rasch wie möglich.«

Die Strände bei ihm zuhause aber seien weiß – voll mit den Körpern der Nachfahren der Kolonialherren, die sich dort in die Sonne legen und an den Schönheiten der Länder erfreuen, die ihnen zwar nicht mehr gehören, die sie aber günstig besuchen können. Wir, schreibt Samarajiva, massieren ihre Füße und verkaufen ihnen Reiseandenken. Die schicken Hotels, in denen sie wohnen, gehören Weißen. Die Regierungen brauner Länder fördern den Tourismus; sie brauchen das Geld. Sie fragen nicht danach, warum die Reisefreiheit, auf der er beruht, für ihre eigenen Bürger nicht gelte.

Er selbst habe gar nichts dagegen, dass die Strände am Indischen Ozean voller Weißer seien. Aber dann sollte der Louvre auch voller Farbiger sein – Farbige und Muslime, noch besser. »And if people overstay their visas, fuck off, your colonial ancestors overstayed theirs for hundreds of years.« Er selbst habe zwei Pässe. Der eine, ausgestellt von Kanada, erlaube ihm die Einreise in 184 Länder – 95 Prozent aller Staaten der Welt. Der zweite, von Sri Lanka, in 43; weniger als ein Viertel. Einige von uns, resümiert er, sind Touristen. Die Anderen sind der Zoo. »Tourismus ist Kolonialismus mit Trinkgeldern.«[69]

Wollte ich es so genau wissen, das mit der Traumdestination?

69 Indi Samarajiva, »The Unbearable Whiteness Of Tourism. Tourism is colonialism with tips«, Januar 2020, abrufbar unter: https://medium.com/@indica/the-unbearable-whiteness-of-tourism-c6ea653b32dc (zuletzt aufgerufen am 10. April 2020).

6 Entlassung aus der Pflicht

Wer sich im Februar 2020 im Berliner Hauptbahnhof in den Regionalexpress setzte, erreichte nach einer halben Stunde die Station Brand Tropical Islands. Das überrascht ein bisschen in den kühlen Kiefernwäldern von Brandenburg, aber es ist wörtlich wahr. »Südsee, Sandstrand und Palmen« verheißt die Website mit einem Foto von türkis leuchtendem Meer, »nur 60 Kilometer von Berlin!« Einen Regenwald mit 50.000 Pflanzen gäbe es dort, eine Sauna- und Badelandschaft, Abenteuer-Lodges, Hotelzimmer im Piratendorf und Safari-Zelte zum Übernachten und jede Menge Bars und Restaurants – »Ihr perfekter Tag in den Tropen.« Auf einem ehemaligen sowjetischen Militärflugplatz war in den 1990er Jahren die größte freitragende Halle der Welt für die Montage von Frachtluftschiffen errichtet worden. Nach dem Scheitern des Projekts wurde sie in einen tropischen Freizeitpark umgebaut und 2004 eröffnet, seither laufend erweitert, unter anderem um eine Wildwasserrutsche, einen Campingplatz und einen Streichelzoo. Zu Beginn gab es negative Presseberichte wegen als Afrikaner geschminkter Unterhaltungskünstler (rassistisches ›blackfacing‹, klagten Aktivisten) und wegen (echter) Kakerlaken. 2019 meldeten die Betreiber Gewinne und stetig steigende Besucherzahlen. Bis das Virus kam.

Wer im Zug sitzenblieb, konnte nach weiteren zwanzig Minuten Fahrt aber auch in einem anderen Wellnesshotel absteigen. Seine Website zeigt barocke Engel in Holz und Terracotta, alte Gemälde, prasselnde Kaminfeuer und eine Bade- und Saunalandschaft in historischer Kulisse. Das Hotel ist stolz auf seine gepflegte Bibliothek, die traditionellen lokalen Produkte, die ausgesuchten Antiquitäten und das rustikale Ambiente – in einer der Saunas kann man sogar auf alten Lesesesseln schwitzen. Der preußische König sei 1824 auf dem ehemaligen Landgut zu Besuch gewesen, meldet die sorgfältig gerahmte Ortsgeschichte, und die Hauszeitung zitiert aus Theodor Fontane. Frühstück und Abendessen werden von Kellnerinnen in Spreewalder Tracht serviert.

Beide Unternehmen sind erfolgreiche Neugründungen auf älteren Institutionen von vor 1989, die sie vollständig zum Verschwinden gebracht haben – ein Militärflugplatz im einen Fall, eine LPG, eine landwirtschaftliche Produktionsgenossenschaft im anderen. Was für den ersten touristischen Wellness-Dienstleister etwas schemenhafte Tropen sind, inklusive Palmen, Cocktails und Piratendorf, sind für den zweiten die – ebenfalls eher unklar lokalisierten – guten alten Zeiten, plus Accessoires des standesgemäßen Lebens. Hier taucht das gestärkte textile Weiß als Klassenfarbe wieder auf, das uns bei den alten Fotos schon beschäftigt hat. Farbige Entertainer gibt es dort aber keine. Sie wären auch unpassend, das Hotel heißt »Zur Bleiche«.

Konsum als Antikonsum

Urlaub ist ein ziemlich altes Wort, vor mehr als 1000 Jahren zum ersten Mal aufgeschrieben, und es heißt: Erlaubnis, Entlassung aus der Pflicht. Urlaub heißt aushalten. Die Sonne aushalten. Die ungewohnte Umgebung aushalten. Die ununterbrochene Nähe zu den Liebsten aushalten. Die eigene Unruhe aushalten. Aushalten, dass nicht das passiert, was man sich gewünscht hat. Aushalten, dass genau das passiert, was man sich gewünscht hat. Aushalten, dass gar nichts passiert. Wie war das noch einmal mit dem Verhältnis von Ferien und Arbeit?

Durch die Freizeitangebote des 21. Jahrhunderts spuken Sklavenhändler des 14. und Konquistadoren des 16. Jahrhunderts, von den kolonialen Träumen des 19. und 20. ganz zu schweigen. Nie war die Vergangenheit so haltbar und klebrig wie in der Moderne. Es ist allerdings nicht so, dass in der Vergangenheit alle ununterbrochen gearbeitet haben. Die Landaufenthalte der italienischen Oberschichten der Renaissance, der Besuch von Wirtshäusern, religiösen Festen und Badeorten und die Spaziergänge der bürgerlichen Stände sind alles Vergnügungspraktiken von früher, begleitet von kommerziellen Angeboten und zugeschnitten auf Wohlhabende. Die Freizeit der Armen wurde mit Misstrauen beobachtet. Die Arbeitsruhe am Sonntag, deren Übertretung hart bestraft werden konnte, sollte dem Kirchgang vorbehalten bleiben. Freizeitvergnügungen, die damit nichts zu tun hatten, wurden vor allem von reformierten Obrigkeiten strikt eingeschränkt.[70]

Arbeit und Freizeit, das macht ein solcher Rückblick deutlich, lassen sich nicht so einfach voneinander trennen. Der ökonomische Zwang zur Erwerbsarbeit – ich muss ins Büro, damit ich meine Miete zahlen kann – ist dabei nur eine von mehreren Konstellationen. In einer Konsumgesellschaft ist das Gegenteil von Arbeit nicht Nichtstun, sondern der Erwerb von Gütern und Dienstleistungen. Die Freizeit ist weiterhin die Zone der Pflichten, wie im 17. und 18. Jahrhundert. Ich soll heute aber nicht mehr in die Kirche gehen und für den Landesherren beten, sondern bestellen, shoppen, kommunizieren. Ich soll kommerzielle Dienstleister für Vergnügen, Unterhaltung und Tourismus in Anspruch nehmen, und zwar so viele und so intensiv wie möglich. Der Umbau von Bahnhöfen, Autobahntankstellen und Flughäfen zu Supermärkten in den letzten dreißig Jahren ist aus

70 Einen guten aktuellen Überblick liefern die Beiträge in Josef Ehmer und Reinhild Kreis, »Arbeit/Freizeit«, in: *Werkstatt-Geschichte* 79, Essen 2019.

dieser Sicht nur konsequent. Er geschieht im Namen der Freiheit und einer vorgeblich unbegrenzten Selbstbestimmung. Der politische Widerstand gegen Ausbeutung und Missstände – der Kampf gegen industrielle Nahrungsmittelproduktion, für eine gerechtere Wirtschaftsordnung und für Klimaschutz – wird im 21. Jahrhunderts als Konsum konzipiert und propagiert. Ich soll konsumieren, aber vegan, fair und klimaneutral. »Es ist offensichtlich«, hat Guy Débord, der Prophet der großen Revolte und radikaler Vordenker des Mai 1968, zehn Jahre zuvor an einen Freund geschrieben, »dass eine Gesellschaft aus lauter Zerstreuungen, auch eine ›situationistische‹, nicht nur rosig sein wird. Weder das Paradies, noch das Ende der Geschichte. Man wird andere Missgeschicke haben, und andere Lüste, das ist alles.«[71]

Und jede Menge neue Pflichten. Denn Urlaub als angeblich selbstbestimmte Anti-Arbeit ist so streng verplant wie die Arbeit, deren Folgen er ausgleichen und wieder gutmachen soll – durch Mitmachspiele, theatralische Fiktionen. Als Wohlfühlindustrie mit stark infantilen Zügen ist Tourismus deshalb gegen Wirklichkeit empfindlich. Wirklichkeit steht gewöhnlich in Verbindung mit Schmutz – also Unordnung. Deshalb wäre es auch so einfach, eine erfolgreiche

71 Guy Débord an André Frankin am 28. Dezember 1958, in: Ders., *Ausgewählte Briefe*, Berlin 2011, S. 21.

Tourismusdestination mit ein bisschen Schmutz auf Windschutzscheiben in die Abendnachrichten zu bringen.

Dreckig sind aber nicht nur die Bustouristen. Die fallen mir bloß als erste ein, weil sich ihre Träume so stark von meinen unterscheiden. Mir persönlich viel näher liegt die Outdoorbranche. Sie hat seit den 1980er Jahren durchschnittliche jährliche Umsatzzuwächse zwischen 8 und 12 Prozent erzielt. Die schicken Rucksackläden, in denen ich selber so gerne einkaufe, zeigen mir idyllische Bilder von der Flucht in die unberührte Natur mit Zelt und Schlafsack, Bilder von traditionellen Bräuchen der urtümlichen Einheimischen, gerne mit exotischer Hautfarbe im fernen Anderswo. Die Outdoorläden sind der dreckige Dienstleister für das unberührte reine Echte: Sie verkaufen in Südostasien gefertigte Industrieware plus touristische Erschließung der reinen Wildnis, Konsum als demonstrativer Anti-Konsum.

Wie alle touristischen Dienstleister behauptet auch die Outdoorbranche von sich selbst, ihren Kunden persönliche Veränderungen, neue Wahrnehmungen und neue Perspektiven zu ermöglichen. Ich glaube, es ist genau andersherum. Reisen wird – wie das Pendeln zum weit entfernten Arbeitsplatz – gewöhnlich dazu eingesetzt, um Veränderungen zu vermeiden. Ich fahre hin und wieder zurück, damit alles so bleibt, wie es ist. Ferien sind imaginäre Stillstellung der Zeit durch Bewegung. Alle Beteiligten führen Veränderung auf, damit alles so bleiben kann, wie es früher – wann eigentlich? Egal, früher – gewesen sein soll. Damit alles so bleiben kann, wie es nie war, in einer Art unendlich geräumigen 1970er Jahren, als wir noch arbeitsam und wohlhabend waren. Als wir die einzigen waren, die so arbeitsam und so wohlhabend waren. Als die Deutschen, Schweizer und US-Amerikaner noch diejenigen waren, die für die zweistelligen Zuwachsraten im Fremdenverkehr gesorgt haben und nicht irgendwelche (bedrohlichen) anderen.

Ich kann aber nicht in die 1970er Jahre zurück, auch wenn die bunten Prospekte und Websites der entsprechenden Anbieter mir das versprechen. Dort wäre auch kein Platz mehr: 2019 waren auf dem Planeten etwa dreißigmal so viel Vergnügungsreisende unterwegs wie 1975. Wir Touristen sind so unübersehbar geworden, dass es schwierig geworden ist, das alte Grundprinzip Wiederholbarkeit weiter aufrecht zu erhalten; vom alten Traum, in den Ferien in die Welt von früher zurückkehren zu können, ganz zu schweigen. In Tim Burtons Verfilmung von Lewis Carrolls *Alice hinter den Spiegeln* von 2016 sagt die weiße Königin düster: »Die Legende sagt, es sei möglich, über das Meer der Zeit zu reisen. Du darfst Dir nur nicht selber begegnen.«

Alice (bang, aber gefasst): »Und wenn es doch geschieht?«

»Dann« – der Ton der Königin wechselt auf unheilverkündend – »erstarrt die Welt für immer, und alles ist nur noch Geschichte.«

Konserven

Disney-Filme behalten meistens recht, wenn auch häufig auf leicht perverse Weise. Berlin zum Beispiel hatte 2018 13,5 Millionen Besucher. Die Erstarrung, von der Tim Burtons weiße Königin spricht, kann man hier gut besichtigen: Städte, die zum Touristenziel werden, verwandeln sich in Konserven ihrer Selbst. Touristenattraktionen ähneln deswegen sehr stark dem, was die Kunsthistoriker Kenotaphe nennen, Scheingräbern. Man schaut auf die Fassade von etwas, hinter dem sich nichts mehr befindet. *Am Ende kommen Touristen* hieß 2002 ein Gedichtband von Björn Kuhligk. Es ist wahrscheinlich kein Zufall, dass der Autor in Berlin wohnt.

Gibt es eine touristische Attraktion, die durch ihre Nutzung endgültig und für immer aufgelöst worden ist? Es sieht nicht so aus. Tourismus lässt sein Objekt nicht mehr los – nie mehr. Wenn ein Ort erst einmal zur touristischen Marke geworden ist, ist er offensichtlich unzerstörbar, egal wie monströs, übernutzt und banal das ursprünglich besondere Schöne geworden ist. Wenn die Touristen kommen, passiert nichts

Neues mehr an einem Ort – außer mehr Parkplätze, mehr Souvenirläden und noch mehr Bilder von den immergleichen Wahrzeichen. Deswegen sehen Touristenorte auch so eigenartig unwirklich und unwirtlich aus, wenn keine Touristen da sind, wie entleerte Spiegelbilder ihrer selbst.

Das ist keine zufällige Koinzidenz, sondern das Prinzip, auf dem die Branche beruht. Fremdenverkehr ist eine wunderbar erfindungsreiche Dienstleistungsbranche, aber eigene Inhalte hat er nicht. Tourismus in all seinen verschiedenen Formen kann aus sich heraus nichts Neues erzeugen, sondern beruht auf Wiederholungen von Wiederholungen. Anbieter von Reiseerlebnissen verkaufen etwas, was ihnen nicht gehört, nämlich Landschaften, Stadtbilder und den damit verbundenen attraktiven öffentlichen Raum am Ziel der touristischen Wertschöpfung. Sie ziehen Gewinn daraus, den Zugang zu etwas zu vermarkten, für das sie selbst nichts bezahlt haben. Die Dienstleistungsindustrie Fremdenverkehr lagert die Kosten für Erhaltung und Infrastruktur ihrer Sehenswürdigkeiten an staatliche Institutionen aus. Hotels und Souvenirshops finanzieren keine Musik- oder Theaterfestivals, geschweige denn Naturparks und Museen. Reisebüros bauen keine Busparkplätze, Toiletten und Parks. Und Touristen fühlen sich – im Gegensatz zu den Anwohnern – nicht für das verantwortlich, was am Ziel ihrer Wünsche nach ihrer Abreise geschieht.

Wenn man einen politischen Hebel fände, Touristen zu agitieren und zu engagieren, hätte man ein sehr wirkungsvolles politisches Mittel zur Verfügung. Es müsste mit der Anerkennung durch Einheimische und durch andere Touristen verbunden sein, mit Körperlust und mit narzisstisch aufladbaren Bildern, also mit dem Versprechen, sich in etwas anderes zu verwandeln: Eine Spaßdemonstration, die wahrscheinlich auch Gesichtspolitik im öffentlichen Raum sein muss – denn es scheint, als ob Touristen gerne ihr eigenes Gesicht an dem von ihnen besuchten Schönen anbringen. Ein solches Engagement müsste aber nicht nur etwas verhindern, sondern etwas Neues erzeugen. Aber wieso sind in den siebzig Jahren Fremdenverkehrshochkonjunktur Beispiele für eine geglückte Kooperation zwischen Besuchten und Besuchern so seltene Ausnahmen geblieben?

Indi Samarajivas Beschreibung von Tourismus als Ausdruck und Motor systematischer Ungleichheit ist sehr griffig, aber vielleicht zu einfach. Lässt sich diese Kluft wirklich so eindeutig an Hautfarben festmachen? Wer schon einmal gesehen hat, wie manche indischen Hotelgäste mit indischen Kellnern, Zimmermädchen und Reinigungspersonal umgehen, wird vielleicht zögern, das Ausbeutungsverhältnis Fremdenverkehr – denn das ist es auch – nur entlang der Kategorien von »weiß« versus »brown« zu beschreiben. Dieselbe Ungleichheit lässt sich innerhalb asiatischer und afrikanischer Länder ebenso beobachten wie in Ost- und Südosteuropa. Fremdenverkehr beruht auf der möglichst scharfen Trennung zwischen Besuchten und Besuchern.

Tourismuskritiker aus wohlhabenden westlichen Ländern machen sich es häufig ziemlich einfach, wenn sie von den zerstörerischen Wirkungen des globalen Fremdenverkehrs schreiben. Sie heben die eigene Opferrolle hervor, indem sie sich zum Sprachrohr der Erniedrigten und Geschädigten machen. Gleichzeitig demonstrieren sie ihre eigene moralische Überlegenheit als Kritiker. Selbstviktimisierung plus Selbsterhöhung der Gruppe, in deren Namen man spricht, ist vielleicht einfach unwiderstehlich. Alle radikalen politischen Bewegungen des 19. und 20. Jahrhunderts haben diese rhetorische Doppelung verwendet, Slawophile ebenso wie ihre deutschnationalen Widersacher; Feministinnen und die Verteidiger der christlichen Familie; von den Salafisten und den völkischen Rechtspopulisten unserer Gegenwart ganz zu schweigen.

Jeder, der über Tourismus schreibt, tut dies ebenfalls in einer Doppelrolle: als Anwohner und als Reisender. In meiner ersten Rolle, als Anwohner, habe ich nichts gegen Touristen. Aber in größeren Mengen möchte ich sie in meinem eigenen Wohnquartier nicht haben, und auch nicht auf dem Wochenmarkt und in meinem Lieblingscafé. Es gibt Momente, wo mir diese freundlichen Leute mit Kameras in bunten Hemden und Sonnenbrillen ohnehin wie aufdringliche Selbsthilfegruppen in Anstaltskitteln vorkommen. Besucht werden ist Dienst, ob man will oder nicht. Die freundlichen Leute machen mich zum unbezahlten Servicepersonal.

Wenn ich aber in meiner zweiten Rolle unterwegs bin, als Tourist in Salzburg, Sri Lanka oder Berlin, dann will ich genau in die Stadtviertel, in denen ich das wirkliche Leben vermute, zu den schönen Wochenmärkten und in die friedlichen Cafés. Berlin zum Beispiel hatte 2019 etwas mehr als 33 Millionen Touristenübernachtungen pro Jahr. Im selben Jahr wurden dort mehrfach die Busse zum Flughafen von Klimaaktivisten blockiert – im Sommer nicht, da sind vermutlich auch die Aktivisten in den Urlaub gefahren.

Die Deutschen und die Schweizer sorgten sich sehr um das Klima, haben sie letztes Jahr in Umfragen betont.[72] Im selben Jahr 2019 haben die Passagierzahlen der deutschen und schweizerischen Flughäfen Rekordwerte erreicht. Im Jahr zuvor waren 4,5 Milli-

72 Gemessen am Kohlendioxidausstoß der Energie-, Auto- und Textilunternehmen, der Landwirtschaft und der Bauindustrie spielt der Tourismus eine vergleichsweise sehr kleine Rolle. Aber diese Branchen, zum Beispiel der Schweizer Konzern Lafarge-Holcim, der größte Zementhersteller des Planeten, erscheinen im Zusammenhang mit Klimawandel viel seltener in den Nachrichten. Woran liegt das?

arden Menschen als Flugpassagiere unterwegs gewesen – 2006 waren es noch halb so viele. Seit 1974 hat sich ihre Zahl versiebzigfacht. Von einigen wenigen Details abgesehen sind aber die Konstruktionsprinzipien, der Antrieb und die Geschwindigkeit der Passagiermaschinen in diesen 45 Jahren unverändert geblieben. Die Beschleunigung des Tourismus ist in Wirklichkeit Verbreiterung: mehr vom selben, aber für viel mehr Benutzer. Im Jahr 2019 befanden sich in jedem Moment etwas unter 11 Millionen Menschen in der Luft, irgendwohin unterwegs. Die ökologischen Folgen sind allgemein bekannt, wurden aber achselzuckend akzeptiert. Fliegen hatte sich in eine Pflicht verwandelt; und in technischen Stillstand.

Es ist sehr schön, im Sommer abends auf dem Balkon den leuchtenden Kondensstreifen der Flugzeuge zuzuschauen, strenge minimalistische Ornamente in Orange auf Türkis. Und nicht drinsitzen zu müssen. Das Ende eines Begehrens ist immer schwer zu beschreiben. Auf einmal ist es weg, das Objekt meiner Wünsche, lässt aber keine Lücke zurück. Es hat sich auch nicht abrupt verabschiedet. Eher ist es über die Jahre unmerklich immer mehr aufgequollen und hat dabei seine Umrisse und Eigenschaften verloren, wie ein Gummibärchen im warmen Wasser.

Die Wunschmaschine Urlaub fühlte sich ausgeleiert an, wie ein endloser *loop*, wie die Routine von vorgestern. Routine ist die Verkleinerungsform von

»route«, dem schmalen Pfad; die Abkürzung auf dem Rasen oder durch den Wald auf dem Weg zum Strand. Routinen können auch wieder zuwachsen. Was die Beteiligten für Wiederholung des Immergleichen halten, könne auch schleichender Umbau sein, schreiben die schwedischen Kulturforscher Billy Ehn und Orvar Löfgren. Das scheinbar banale Nicht-Ereignis unterhöhlt etwas anderes: bis es plötzlich einstürzt, zerfällt und sich auflöst. Das Buch, in dem die beiden solche Phänomene untersuchen, hat einen interessanten Titel: *Nichtstun*.[73]

Stay Put

Dann kam das Virus, und mit ihm der *lockdown*, die Verhängung des Ausnahmezustands und die Reduktion des europäischen Passagieraufkommens im Flugverkehr um mehr als 96 Prozent gegenüber dem Vorjahr – die Luftfracht, interessant genug, ging nur um weniger als ein Drittel zurück.[74] Das wird so sicher

73 Billy Ehn und Orvar Löfgren, *Nichtstun. Eine Kulturanalyse des Ereignislosen und Flüchtigen*, Hamburg 2012.

74 In der Woche vom 6. bis 12. April zählte der Frankfurter Flughafen 96,8 % weniger Passagiere als in der Vergleichswoche des Vorjahrs; bei Fracht und Luftpost fiel die Reduktion deutlich schwächer aus, minus 28 %. *Frankfurter Allgemeine Zeitung*, 15. April 2020.

nicht bleiben. Weil wir ja alle wieder in die Ferien wollen, so rasch wie möglich. Oder?

Damit wären wir endgültig beim Reden über die Zukunft angekommen. Von der Zukunft kann ich mit Sicherheit nur sagen, dass ich mir selbst in ihr nur als älterer Herr zur Verfügung stehen werde – ganz egal, was ich über die Wirtschaftskrise oder den Klimawandel denke, wohin ich in den Urlaub fahre und welche Versprechungen auf Wiedererlangen welcher Vergangenheiten ich mir selber dabei mache. Das Einzige, über das ich so gesehen wirklich verfügen kann, ist Zeit – meine eigene Zeit. Also muss ich sie ordentlich ausgeben. Oder verschlampen, im richtigen Mischungsverhältnis. Veränderung, scheint mir mittlerweile, beginnt nicht unbedingt damit, dass ich mir mehr Mühe gebe; dass ich etwas immer wieder tue und noch einmal steigere. Veränderung beginnt mit Unterbrechung. Indem ich etwas unterlasse; indem ich erlaube, dass sich eine Lücke öffnet. Ein Loch. Ein Riss im Vertrauten.

»Könntest Du Dir auch vorstellen, so zu reisen, dass man die Freuden nicht aufhäuft, sondern seltener macht, kostbarer?« hat Susan Sontag ihre ratlose Ich-Erzählerin in »Unguided Tour« 1977 fragen lassen. Die eigentliche Arbeit, die der Tourist leiste, hatte Hans Magnus Enzensberger zwanzig Jahre zuvor geschrieben, sei die Bestätigung dessen, was man ihm vorspiegle. »Es ist keine leichte Arbeit, die da von ihm verlangt wird. Die Trostlosigkeit ist dem Touristen vertraut.«[75] Noch einfacher hat es Barbara Cernan ausgedrückt, die Ehefrau des Astronauten Ernest Cernan, der 1972 mit Apollo 17 zum Mond geflogen ist. »Wenn Du glaubst, zum Mond zu fliegen sei einfach«, sagte sie, »dann versuch einmal, zu Hause zu bleiben.«[76] Ihr Astronaut war der letzte, der die große Reise zum Mond gemacht hat.

Es wurden alle Reisen schon gemacht. Aber nicht von allen. Kann man aus dem Ausstieg auf Zeit eigentlich auch aussteigen? Wenn Moderne ein Versprechen war, dann eines auf Beschleunigung, auf Wegfallen von Reibungswiderständen durch technische und ökonomische Effizienz, auf Erlösung also, und auf jede Menge billige Energie. Zuhause bleiben und nichts tun war in der Moderne nur im absoluten militärischen Ausnahmefall vorgesehen. »Stay Put« hieß die NATO-Strategie am Beginn der 1980er Jahre für den großen militärischen Ernstfall, den Angriff des Warschauer Pakts in Europa. Die Maßnahmen dafür waren detailliert vorbereitet. Alle Hauptverkehrsadern würden unterbrochen. Es würde keine Flüchtlingsströme geben. Alle blieben, wo sie sind.

Was würde geschehen, fragte ich mich in einem Radioessay im Winter 2019, wenn die Europäer einen

75 Sontag, »Unguided Tour«, S. 32; Enzensberger, *Theorie*, S. 167.
76 Lily Koppel, *The Astronauts Wives Club*, New York 2014, S. 177.

Sommer lang zuhause bleiben würden – alle gleichzeitig? Was passierte, wenn die Deutschen, die Italiener, die Polen und die Franzosen auf ihre fromme jährliche Pilgerschaft Mitte Juli ans Meer und in die Berge einfach verzichten würden und stattdessen gar nichts täten, daheim? Wie lange würden die Schnaps-, Parfüm- und Zigarettenläden an den Flughäfen durchhalten? Wie lange schaffen es die Autobahntankstellen vor dem Gotthard und dem Brenner, die Discos auf Mallorca und die Kärntner Fremdenzimmer? Hätten die einheimische Stammgäste oder einen Plan B? Überall händeringende Hoteliers, verzweifelte Cafébesitzer, malte ich mir aus. Österreich, Spanien, Portugal, Griechenland, alle jährlich von deutlich mehr Menschen besucht, als sie selbst Einwohner haben, würden den nationalen Notstand ausrufen.[77]

Zuhausebleiben als Verweigerung klingt erst einmal verlockend. Aber für wie lange? Und wie zufrieden würde es mich machen, wenn in Stuttgart, Zürich und Hannover alle Parks plötzlich voll von Leuten wären, rund um die Uhr, weil alle spazieren gehen? Die Schwimmbäder würden aus den Nähten platzen, dachte ich. Die Museen wüssten nicht mehr,

77 Der Essay ist am 23. Dezember 2019 im Südwestdeutschen Rundfunk gesendet worden, nachzuhören unter https://www.swr.de/swr2/leben-und-gesellschaft/av-o1184252-100.html (zuletzt aufgerufen am 13. April 2020).

bis wohin sie die Leute noch Schlange stehen lassen könnten für ein Ticket. Die Fahrradhändler und die Baumärkte müssten Tag und Nacht geöffnet haben. Die Paare würden sich schrecklich auf die Nerven gehen. Alle Beratungsstellen, Psychotherapeuten und Yogalehrerinnen würden Extraschichten fahren. Die Brauereien auch, der Alkoholkonsum stiege dramatisch, weil die Deutschen und die Schweizer jetzt zuhause trinken müssten statt im Urlaub. Oder nicht? Wäre es dann einfach so wie im November, nur dass die Sonne scheint?

Und dann kam der große *stay put*. Im März 2020 erließen eine Reihe von europäischen Staaten Verordnungen zur Eindämmung der ansteckenden Lungenkrankheit Covid-19. Die Einschränkungen der persönlichen Bewegungsfreiheit waren im 21. Jahrhundert beispiellos: Großstädte mit Millionen von Menschen – Mailand und Venedig am 8. März –, dann ganze Länder – Italien am 10. März, Österreich am 16., Frankreich am 17. März – wurden Ausgangssperren unterworfen, die an die Maßnahmen gegen die Pest im 17. Jahrhundert erinnerten. Im Januar 1631 hatte die Stadt Florenz ein striktes Verbot verkündet, das eigene Haus zu verlassen, für 40 Tage. Übertretern drohten drakonische Geld- und Haftstrafen.[78] Auf

78 John Henderson, *Florence Under Siege. Surviving the Plague in an Early Modern City*, New Haven/London 2019.

der Webcam von der Piazza della Signoria in Florenz konnte man am 10. März 2020 mittags um ein Uhr eine Sehenswürdigkeit ganz neuen Typs besichtigen, genau wie an anderen Touristenattraktionen wie dem Markusplatz in Venedig und der Spanischen Treppe in Rom: menschenleeren öffentlichen Raum im Zentrum einer Fremdenverkehrsmetropole. In ihm befanden sich einige wenige einzelne Schaulustige, die das Ausmaß ihrer eigenen Abwesenheit bestaunten und es mit Smartphones und Kameras dokumentierten.

Am 10. März 2020 wussten die verblüfften italienischen Spaziergänger noch nicht, dass öffentliche Plätze im Zentrum belebter Städte binnen zwei Wochen überall auf der Welt so aussehen würden, von Delhi und Istanbul bis San Francisco. »Boomzeiten fühlen sich nicht an wie Boomzeiten«, hat die amerikanische Schriftstellerin Emily Witt 2010 in einem klugen Essay über Veränderung geschrieben. »Sie fühlen sich an wie normale Zeiten. Und dann sind sie plötzlich zu Ende.«[79]

79 Emily Witt, »Miami Party Boom«, in: *n + 1* Nr. 9 (Frühjahr 2010), S. 35–56, meine Übersetzung.

Nur dass in der großen Stillstellung auch sofort sämtliche Museen, Cafés und die Schwimmbäder geschlossen wurden – die vermisste ich sehr. Aber keine Kondensstreifen mehr am Himmel. Die vermisste ich nicht. Es ging problemlos ohne Fliegen, lernte ich. Es war sehr still auf den Straßen, und man hörte die Vögel so laut wie noch nie zuvor. Gar nicht so schlecht. Nur dass man sich in dieser Idylle plötzlich strikt in der eigenen Wohnung eingesperrt wiederfand, *stay put*.

So kam das Neue in die Welt – als Zumutung, die niemand bestellt hatte. Auf einmal war »Anders Reisen« kein Slogan für die Diversifizierung einer ohnehin boomenden Branche mehr, sondern ein freundlicher Euphemismus für das Zuhausebleiben, mit dem Buchhandlungen und Streaming-Dienste für ihre Angebote warben. Denn zuhause blieben alle, unfreiwillig.

»Endless vacation«, hatten die Ramones 1979 gesungen, »endless vacation, endless vacation.« Als diese endlosen Ferien dann da waren, fühlten sie nicht mehr ganz so spaßig an wie die, die sich die aufgeregten Jungs vor 40 Jahren mit krachenden Gitarren gewünscht hatten. Quarantäne hieß, so lernte ich, dass ich mir mein gutes Leben selber machen musste. Ich konnte es nicht mehr schnell anderswo einkaufen, für ein Wellnesswochenende ins Tirol oder für sechs

Stunden mit dem Hintern wackeln ins Berghain. Ich hatte ein ausgiebiges Rendezvous mit mir selber, als Insasse und Heimleiter in einer Person. Und ich lernte, dass es schwierig ist, das Nachlassen der Angst auszudrücken. Weil nach der Angst nicht Zuversicht folgte oder Übermut, sondern erst einmal ein anderes Gefühl: eine unbehagliche Lücke. Und Scham darüber, dass ich so viel Angst vor der Unvorhersehbarkeit der Zukunft gehabt und mich den oft kleinlichen und absurden Verboten so willig gebeugt hatte.

»To travel is to live« hatte im Sommer 2019 auf dem Rollkoffer gestanden. War das Verlockendeste am Wegfahren nicht die Unterbrechung, das Ende der Routine, die Veränderung gewesen? Die war jetzt da – genau jene große Auszeit, die in den Jahren zuvor die Prospekte der Reisebüros und die Reiseseiten der großen Tageszeitungen so verlockend ausgemalt hatten. Plus der Stille und den weiten menschenleeren Landschaften, die man vorher nur auf den Katalogen von Anbietern von Fernreisen und auf den Prospekten für Outdoorbedarf bewundern hatte können. Denn Touristen gab es im Frühjahr 2020 ff. nirgends mehr. Die große Pause kam als Urlaub vom Urlaub, diesmal als staatsbürgerliche Pflicht. Das »Land der Leere«, für das man ein halbes Jahr zuvor noch nach Patagonien hatte reisen müssen, wie die *Neue Zürcher Zeitung* damals hymnisch geschrieben hatte, »auf der Suche nach Ruhe«, in entvölkerte Bergregionen oder auf abgelegene griechische Inseln, das war jetzt überall. Vor allem auf den Flughäfen.

Das Schönste an meinen Ferien in den Jahrzehnten vorher, so lernte ich schließlich, waren möglicherweise gar nicht die Genüsse der Strände, Berge und Restaurants gewesen. Die waren zwar schon gut, aber häufig etwas anstrengend. Es war entweder zu heiß gewesen oder doch nicht so sonnig wie versprochen, und vor allem hektisch und ein bisschen überlaufen. Das Schönste an den Ferien war, sie planen zu können: das Versprechen, dass alle diese Mietautos, Hotelzimmer und Wellness-Slots auf mich warten würden, ihre Vorwegnahme in meinem Kopf. Beim Planen waren nämlich auch die anderen Touristen noch nicht da. Ferienmachen war nicht Pause, sondern Projektemachen – man könnte auch Kontrolle dazu sagen. Ich konnte mir die Welt bestellen, in ausgewählten kleinen Portionen meiner Wahl, oder wenigstens konnte ich mir das einbilden.

Deswegen war das Planen ja so beruhigend gewesen, und dafür war ich in die Ferien gefahren, nicht wegen Sand, Sonne und Kultur. Mit Covid-19 war das futsch, vorbei. Gab es einen *Undo*-Knopf, eine Reset-Taste? Nein. Die Welt veränderte sich und ich fühlte mich überfordert, weil ich das Tempo und das Ausmaß der Veränderungen nicht vorhergesehen hatte, geschweige denn geplant. Und ehrlich gesagt war ich gekränkt, weil die Veränderungen nichts mit meinen Wünschen zu tun hatten – den Wünschen nach Überschaubarkeit und der Wiederherstellung des Vertrauten von früher.

Freiheit dagegen – das konnte man im Frühjahr 2020 auch lernen – hat mit Urlaub nicht sehr viel zu tun. Sie ist erst einmal eine Gelegenheit, eine unerwartete Kombination. Technische Beschleunigung funktioniert seit 170 Jahren als endlose Wiederholungsschleife vertrauter Bilder, die sich in kommerzialisierte Infrastruktur verwandeln – der Fremdenverkehr liefert dafür wirklich eindrucksvolle Beispiele. Aus dieser Sicht ist ein *stay put* wie der vom Frühjahr 2020 natürlich lästig, bedrohlich und eine Zumutung. Aber er ist einer der wenigen Chancen für das Unvorhergesehene, die ich habe.

Denn das war die Pandemie eben auch, eine große Lockerung. Weil ich nicht mehr überall hinfahren konnte und monatelang nicht wusste, wie lange welche Ausnahmezustände noch dauern würden, war ich aus dem Plänemachen entlassen. Und aus dem Plänemachen-Müssen auch. Meine Termine purzelten nur so – Flug gestrichen, Grenze gesperrt, Hotel geschlossen – und das fühlte sich erstaunlich gut an, als die erste Irritation vorbei war. Ich fing an zu basteln, und zu improvisieren. Freunde meldeten sich, denen es genauso ging. Die Angst vor dem Versäumen war plötzlich vorbei. Und wäre das nicht ohnehin alles ein ziemlicher Stress geworden?

Vor allem: Leichtigkeit durch Unvorhergesehenes. Eigentlich hatte ich das gewusst, ich hatte es nur vergessen. Denn das war schon vor dem Virus so gewesen. Wenn die Aschewolke oder der Streik dem Flugverkehr den Stecker gezogen hatten, wenn der Zugführer oder Buschauffeur mich verwirrten Passagier am Arsch der Welt ausgeladen hatten, wenn ich mich auf der Flucht vor dem Stau endgültig in den Nebenstraßen verfahren hatte, dann war sie plötzlich dagewesen, die Chance auf Neues. Es war schon vor Covid-19 immer die Störung gewesen, ging mir auf, die Unterbrechung, die Panne, die wirklichen Freiraum zur Verfügung gestellt hatte. Jetzt war sie wieder da. Nur sehr viel größer als vorher. Und ich darf sie nutzen.

Vor allem werde ich das Gefühl nicht los, dass ich in zukünftigen Ferien das Gefühl vom Frühjahr 2020 – den plötzlichen Leerraum, die Stille, diese Mischung aus verzückter Überraschung und Ungewissheit – werde wiederzubekommen versuchen. Für zwei Wochen im Jahr. Aber diesmal geplant. Damit ich es so richtig, so richtig genießen kann. Ob das geht?

Vermutlich nicht. »Restriction is the mother of invention«, hat der Musiker Holger Czukay gesagt. Erst dann, wenn einem eben nicht alles möglich sei, müsse man sich etwas Neues einfallen lassen. Die Krise vom Frühjahr 2020 ist die Möglichkeit, der unablässigen Wiederholung der eigenen Wünsche von früher zu entkommen, die den Fremdenverkehr des letzten halben Jahrhunderts geprägt hat und ihn in unendlichen öden Wiederholungsschleifen organisiert. Das Ende des uns vertrauten Tourismus ist die Chance, im Abseits zu landen – dem einzigen Ort, an dem etwas Neues passiert. Der wirkliche Luxus ist jetzt schon Weglassen-Können und Beweglichkeit. Das Reisen der Zukunft wird mit leichterem Gepäck stattfinden, deswegen über kürzere Distanzen. Mit größeren Anteilen an Ungeplantem – also vermutlich nicht ganz so komfortabel, klimatisiert und infantilisiert wie zuletzt. Dafür weit weg von den Träumen anderer Leute.

Gibt es wirklich nichts Besseres als den Urlaub?

Nachweise

Abb. 1: Titelseite des Bordmagazins der Fluglinie *Easyjet*, Oktober 2019, Aufnahme des Verfassers

Abb. 2: Das Plakat für das Reisebüro verdoppelt das Ferienselfie. Werbung für das Reisebüro Coop, Schweiz 2017, Aufnahme des Verfassers

Abb. 3: Britische Reisende in der Sommerfrische im Himalaya-Vorland, 1912, Sammlung Ruth & Peter Herzog, Basel, A 0460, S. 6

Abb. 4: Studioaufnahme von »Japanese Travellers« von Kusakabe Kinbei, handkolorierter Albuminabzug nach 1880, Privatbesitz. Aus: Christoph Schwarzenbach, »Japanische Souvenir-Photoalben aus dem späten 19. Jahrhundert«, in: *Mitteilungen der Deutschen Gesellschaft für Ostasiatische Kunst* 25 (Oktober 1998), S. 1-15

Abb. 5: Japanische Frauen, um 1880, unbekannter Fotograf, Sammlung Schilling, jetzt Privatbesitz. Aus: Margarita Winkel, *Souvenirs From Japan. Japanese Photography at the Turn of the Century*, Leiden 1991, S. 105

Abb. 6: Franz Ferdinand als Pharao Amenhotepp (sic) XXIII, 1896, unbekannter Fotograf. Schloss Artstetten, Österreich

Abb. 7: Ausschnitt *Asterix bei den Olympischen Spielen*, Text: Réne Goscinny, Zeichnung Albert Uderzo, Ehapa-Verlag: Stuttgart 1972 (mit vielen weiteren Auflagen), S. 25/26

Teile der Kapitel 1 und 3 sind in anderer und kürzerer Form zuerst erschienen in der Nr. 827 des *Merkur. Zeitschrift für europäisches Denken*, April 2018, S. 92–98 und in *The Incredible World Of Photography*, Sammlung Ruth und Peter Herzog, Ausstellungskatalog Kunstmuseum Basel 2020, und Ausschnitte aus den Kapiteln 2 und 4 wurden in der Reihe SWR Essay im Südwestdeutschen Rundfunk am 23. Dezember 2019 gesendet.

Danke für Hilfe, Hinweise, Ermutigung und Unterstützung an Daniel Allemann, Monika Dommann, Christoph Fellmann, Luke Gartlan, Sibylle Hoiman, Anton Holzer, Fritz Kestel, Michael Lissek, Paul Mellenthin, Matthias Noell, Monika Rinck, Andrea Roedig, Alexander Schmitz, Christoph Schwarzenbach und Bernd Stiegler.